KB260241

생명

성품

초판 1쇄 발행 · 2010년 5월 15일

지은이   박종렬
펴낸이   박종렬

펴낸곳   조이어스
주소   서울시 서초구 방배동 873-9 이원빌딩 B1F
전화   02)534-4082
팩스   02)534-4084
홈페이지 www.joyousmission.or.kr
판권

등록   제 321-2009-000163 호(2009년 09월 23일)
ISBN   978-89-963224-1-2 (03230)

조이어스미션 출판부는 하나님의 영광을 위하여 살아가는 사람들의 신앙과
삶을 통하여 독자에게 영적인 도전과 영향력을 주는 문화선교를 꿈꿉니다.

*조이어스미션 출판부에서 판매되는 책의 모든 수익은 선교를 위해서 사용됩니다.

생명

박종렬 지음

Joyous

들어가는 글

이제 막 신앙을 갖기 시작하는 사람들과 자주 만나게 됩니다. 이 분들과 이야기를 나누다 보면 기독교 신앙에 대한 이해가 쉽지 않은 것을 알게 됩니다.

제게는 그리 어색하지 않고 금방 이해할 수 있는 말이나 글들이 이 분들에게는 꽤 많은 노력이 있어야지만 가능하다든지 아니면 그냥 흘려 듣고 마는 경우가 많다는 것을 알게 되었습니다. 저도 처음에는 교회 문턱을 넘어서기가 그리 쉽지 않았습니다. 그런 경험이 있었으면서도 어느덧 익숙해지다 보니 다른 사람들에 대한 배려가 없었던 것 같습니다.

그래서 이 두 번째 책을 내면서 예수님의 생명, 복음의 능력을 더 쉽고 단순하게 표현하려고 배는 더 애를 썼습니다.

2010년이 되면서 불쑥 나이 먹은 것이 느껴졌습니다. 자꾸 제 신앙을 돌아보게 되고 주변 상황과 관계들을 살피게 됩니다. 제 신앙을 돌아보면서 예수님 안에 있는 생명의 능력이 더욱 풍성해지고 간절해졌으면 하는 소망이 커집니다.

이런 소망을 담아 예수님 안에 있는 생명력을 쉽게 이해하고 소유하고 싶은 분들과 함께 이 책을 나누고 싶습니다.

거칠고 사나운 시대를 살아가는 우리지만 '예수님의 성품'으로 변화된 인격 위에 '예수님의 생명'으로 역동적인 삶을 살기를 소망합니다. 생명이신 예수님을 소유하기를 소망하는 우리 모두에게 생명의 힘이 넘치길 바랍니다.

죽은 자를 살리신 예수님의 생명력이 늘 함께하기를 기도합니다.

Life of Jesus

CONTENTS

나의 빛이신 주님

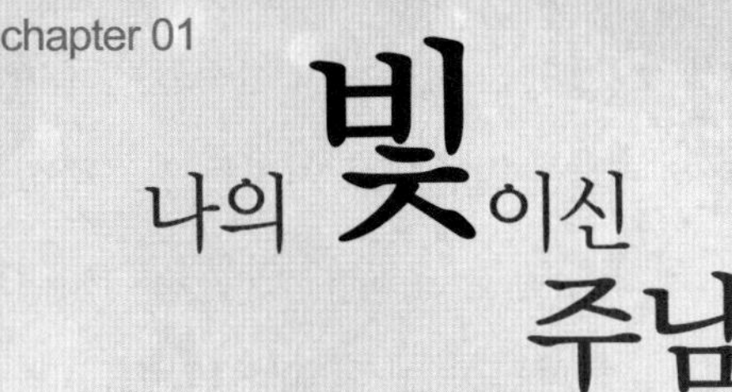

Life of Jesus

"여호와는 나의 빛이요 나의 구원이시니 내가 누구를 두려워하리요 여호와는 내 생명의 능력이시니 내가 누구를 무서워하리요"(시 27:1).

창세기 1장에는 하나님이 천지를 창조하시는 장면이 나옵니다. 하나님은 말씀으로 천지를 창조하셨습니다. 하늘, 땅, 바다, 해, 달, 별 등 온 우주 만물을 하나하나 만드셨고 그것들은 모두 하나님이 보시기에 좋았습니다. 하나님은 모든 창조물 가운데서도 빛, 물, 흙, 바람(공기, 생기)을 특별하게 사용하셨습니다. 우리는 앞으로 이에 대한 영적 원리들을 살펴볼 것입니다. 저는 이 원리들이 우리 삶에서 구체적인 능력으로 드러나기를 소원합니다.

혼돈 속에 임한 '빛'

먼저 '빛'에 대해 나누고 싶습니다. 이사야서 60장은 빛에 대한 말씀으로 가득합니다.

"다시는 낮에 해가 네 빛이 되지 아니하며 달도 네게 빛을 비추지 않을 것이요 오직 여호와가 네게 영원한 빛이 되며 네 하나님이 네 영광이 되리니 다시는 네 해가 지지 아니하며 네 달이 물러가지 아니할 것은 여호와가 네 영원한 빛이 되고 네 슬픔의 날이 끝날 것임이라"(사 60:19-20).

이 말씀은 "해도 달도 다 네 빛이 되지 않을 것이다. 오직 하나님이 네 영원한 빛이 되실 것이다"라는 뜻입니다.

이사야 선지자가 이 예언을 할 때 이스라엘 백성들은 고난 받고 있었습니다. 예루살렘은 완전히 정복당했고, 이스라엘 백성들은 포로로 끌려갔습니다. 완전히 멸망한 것입니다. 아무런 소망도 없었습니다. 이때 이사야 선지자는 이스라엘 백성들에게 "그럼에도 불구하고 하나님은 회복을 준비하고 계신다"라고 선포한 것입니다.

이사야는 "이제 네 해가 지지 않고 네 달이 물러가지 않을 것은 여호와가 네 영원한 빛이 되고 네 슬픔의 날이 끝날 것"이라고 말합니다.

그럼, 이 빛은 어떤 빛일까요? 창세기 1장에 보면 하나님이 이 빛을 창조하셨다는 것을 알 수 있습니다.

“태초에 하나님이 천지를 창조하시니라 땅이 혼돈하고 공
허하며 흑암이 깊음 위에 있고 하나님의 영은 수면 위에 운
행하시니라 하나님이 이르시되 빛이 있으라 하시니 빛이
있었고 빛이 하나님이 보시기에 좋았더라 하나님이 빛과
어둠을 나누사 하나님이 빛을 낮이라 부르시고 어둠을 밤
이라 부르시니라 저녁이 되고 아침이 되니 이는 첫째 날이
니라”(창 1:1-5).

하나님이 빛을 만드시기 전에는 이 땅이 혼돈하고 공허하
며 흑암이 깊음 위에 있었습니다. ‘땅이 혼돈하고 공허하다’
는 것은 ‘무’(無)라는 뜻입니다. 이 땅에는 아무것도 없었습니
다. 이 상황에서 하나님이 빛을 창조하셨습니다.

빛은 언제 임합니까? 여호와의 빛이 언제 우리 가운데 비
춥니까? 삶의 깊은 흑암, 혼돈, 공허 가운데 있을 때 하나님
의 빛이 임합니다. 무질서하고, 개념이 없고, 소망도 없고,
무가치한 그때, 그 상황에 하나님은 빛을 보내주십니다.

이스라엘 백성들이 점점 타락의 끝으로 치닫자 하나님은 그들을 멸망시키기로 결정하십니다. 하나님은 이스라엘의 타락을 견딜 수 없으셨습니다. 하나님이 택하신 이스라엘, 당신의 아들 이스라엘의 죄악을 그냥 간과할 수 없으셨습니다. 그래서 이 백성을 고난 가운데 집어넣기로 결정하셨습니다. 이 고난은 너무 힘들고, 어렵고, 혹독한 것이었습니다. 고생하는 이스라엘뿐 아니라, 그것을 지켜보셔야만 하는 하나님도 고통스러우셨습니다. 그래서 하나님은 그들에게 빛을 주기로 결정하셨습니다. 그리고 친히 그 빛이 되어주셨습니다.

삶에 곤고한 문제가 있고 자신의 실수와 죄로 말미암아 혼돈과 흑암 가운데 있다면 하나님을 만나시기 바랍니다. 빛이신 하나님을 모셔들이기를 바랍니다. 태초에 그 땅에 임하셨던 하나님이 영원히 우리의 빛이 되어주실 것입니다.

빛이 창조되기 전에 흑암이 깊음 위에 있고 하나님의 영은 수면 위에 운행하셨습니다. 이 말은 '어둠 가운데서도 하나님이 뭔가 준비하고 계셨다'는 의미입니다.

지금 자신에게 아무것도 없다고 생각하십니까? 보이는 것
도 없고, 나아가야 할 미래의 목표도 명확하지 않아 당황스
러우십니까? 그저 과거의 실패와 두려웠던 기억만 생생하십
니까? 그러나 우리는 담대해야 합니다. 하나님이 우리를 위
해 준비하고 계시기 때문입니다.

하나님은 우리 한 사람 한 사람의 미래를 준비하고 계십니
다. 우리 자녀들의 내일을 준비하고 계십니다. 걱정하지 마
십시오. 하나님의 빛이 자녀들에게 있음을 선포하십시오.
자신이나 자녀들의 현실을 보면서 '앞이 캄캄하다'라고 말하
지 마십시오. 두려워하지 마십시오. 창조 이전, 곧 빛이 임하
기 이전에 이 땅은 혼동과 흑암과 어둠 가운데 있었지만, 이
미 하나님은 우리의 일을 준비하고 계셨습니다. 이것이 하나
님의 섭리요, 은혜입니다.

이사야서 60장 1절은 "일어나라 빛을 발하라"고 말씀합니
다. 이 백성들이 빛을 어떻게 발할 수 있겠습니까? 생각해보
십시오. 죄악덩어리, 허물덩어리, 시간이 갈수록 사망에 이

르는 이 백성에게 이사야 선지자는 다시 한 번 하나님의 말씀으로 도전합니다. "일어나라, 빛을 발하라." 이 말은 무슨 뜻입니까? '이미 너희들에게 빛이 있다'는 것입니다. 이 말은 우리에게 희망을 줍니다. 이사야서에는 강력한 재앙의 경고, 멸망, 종말의 글이 많이 등장합니다. 하지만 반드시 그 마지막에는 희망의 메시지, 도전의 메시지, 회복의 메시지가 나옵니다. 두려워하지 마십시오. 염려하지 마십시오. 우리에게는 하나님의 빛이 있습니다. 이 빛이 우리를 비출 것입니다. 믿음으로 선포하십시오.

빛의 능력

하나님이 "빛이 있으라" 하시니 빛이 있었습니다. 빛 이전에는 하나님의 말씀이 없었습니다. 다시 말하면 '어떤 목표나 좌표, 방향이 없었다'는 뜻입니다. 이것이 빛 이전의 상태였습니다. 그런데 하나님이 "빛이 있으라"고 말씀하셨습니다. 이 혼돈의 상태, 뭔가 준비하고 있는 땅에 하나님이 말씀하시자 빛이 생긴 것입니다.

그럼, 이 빛은 무엇일까요? 빛이 무엇이기에 이 어두운 세상, 혼돈의 세상에 와야 했고, 이 세상을 바꿨을까요?

먼저 빛은 힘, 능력, 권세, 권위입니다. 이 힘이 임하고 이 권세가 임하니까 온 우주가 움직였습니다. 여기서 말하는 빛은 태양이나 별이나 달 같은 것이 아닙니다. 이런 것들은 넷째 날 만드셨습니다. 여기 첫날 만드신 빛과는 다릅니다. 이 빛이 전우주적 개념이라면 태양, 달, 별 등은 집에 있는 전구와 같은 것입니다. 빛은 하나님의 능력, 힘, 권위, 권능입니다. '빛이 임했다'는 것은 '하나님의 능력이 임했다'라는 뜻입니다. 그래서 이 빛이 임하는 곳마다 모든 어둠이 물러갈 수밖에 없습니다. 이 빛이 임하는 곳마다 거짓의 영, 사단의 영, 음란의 영이 다 소리를 지르며 달아날 수밖에 없습니다.

둘째, 이 빛을 창조하신 후에 "하나님이 보시기에 좋았더라"고 창세기는 기록합니다. 여기서 '보시기에'라는 말은 하나님의 관점을 의미합니다. 다시 말하면 우리 인간들이 보기에 좋다, 나쁘다 하는 반응이 아니라 하나님이 보시기에 좋았다는 것입니다. 하나님이 보시기에도 빛이 만족스러웠다는 것입니다.

셋째, 이 빛으로 어둠과 밝음을 구별하셨습니다. 구별이 무엇입니까? 거룩입니다. 거룩은 겉으로, 외형적으로 드러나지 않습니다. 하나님이 보시기에 좋은 것이 거룩입니다. 그래서 '하나님이 보시기에 좋았다'라는 말씀은 생각하면 할수록 새로운 깨달음을 줍니다. 깊이 묵상할수록 열정, 흥분, 새로운 세계가 열립니다. 하나님이 보시기에 좋은 것에는 사망도, 죽음도, 애통하는 것도 없습니다. 그 모든 것이 하나님의 나라입니다. 현재 상황이나 사람들의 관점은 중요하지 않습니다.

성경은 거듭해서 우리에게 '너희 형편과 상황을 바라보지 말라'고 이야기합니다. 우리의 상황은 중요하지 않습니다. 하나님이 어떻게 보시는가에 귀를 기울이십시오. "두려워하지 말라. 염려하지 말라. 그것이 너희들에게 어쩔 수 없이 존재하는 실존이고 실체이기는 하다. 그러나 그것보다 더 위대한 내 빛이 네게 있다.”

넷째, 빛에는 밝음과 온기가 있습니다. 이 빛이 있는 곳에 생명체가 생기기 시작합니다.

우리에게 여호와의 빛이 임하면 우리 삶에서 모든 어둠이 떠납니다. 우리의 삶이 거룩하게 될 뿐만 아니라 거기서 생명이 자랍니다. 이 빛은 온기, 따뜻함, 부드러움으로 생명을 자라게 합니다. 이 생명은 배려하고 뭔가를 감싸 안는 속성이 있습니다. 우리는 “처음에는 빛이 강렬하지만 은혜를 받고 나면 그 빛이 왠지 굉장히 부드럽게 느껴진다”는 간증을 듣곤 합니다. 어떤 분은 기도원에서 나올 때마다 부드러운 빛을 느낀다고 간증합니다. 왜 그럴까요? 빛에 이런 능력이 있기 때문입니다. 빛이 비취면 괴로운 문제들이 녹아내리고, 뭔가 새로운 생명이 꿈틀거립니다. 희망이 생기고, 소망이 넘칩니다. 기분이 좋아집니다. 달라진 것은 아무것도 없는데 희한하게도 밝음이 느껴집니다. 나뭇잎 하나도 살아 숨

쉬고, 만물이 신선하게 다가오는 것을 느낍니다.

빛이 우리에게 임할 때 우리 심령에 이런 일이 벌어집니다. 이 빛은 하나님의 명령, 그분의 위엄, 능력으로 태어났습니다. 그것은 하나님 보시기에 좋은 거룩한 생명이요, 거룩한 영광입니다. 이 빛이 임하므로 거룩이 나타나고, 거룩이 회복되는 역사가 나타납니다. 그리고 이 빛으로 말미암아 우리는 생명의 능력을 소유하게 됩니다.

빛으로 임하시는 하나님

'하나님이 이르시되'라는 말씀에서 '하나님'은 '엘로힘'이라는 말로, 모든 능력 위에 능력을 가진 어떤 세력, 힘, 능력을 의미합니다. 엘로힘은 전능하신 하나님입니다. 인간의 언어로는 하나님을 다 표현할 수 없습니다. 하지만 인간이 알 수 있는 말로 표현했을 때, 극존칭 언어로 쓸 수 있는 것이 있다면 그것이 바로 '엘로힘'입니다.

전능하신 하나님이 나를 비추십니다. 이사야서 60장

19-20절은 "다시는 낮에 해가 네 빛이 되지 아니하며 달도 네게 빛을 비추지 않을 것이요 오직 여호와가 네게 영원한 빛이 되며 … 여호와가 네 영원한 빛이 되고 네 슬픔의 날이 끝날 것임이라"고 합니다. 이 전능함으로 빛을 만드시고 절대의 개념을 완성하신 하나님이 우리와 우리 삶을 비추고 조명하십니다. 그래서 이사야 선지자는 이렇게 선포합니다.

"일어나라 빛을 발하라 이는 네 빛이 이르렀고 여호와의 영광이 네 위에 임하였음이니라 보라 어둠이 땅을 덮을 것이며 캄캄함이 만민을 가리려니와 오직 여호와께서 네 위에 임하실 것이며 그의 영광이 네 위에 나타나리니 나라들은 네 빛으로, 왕들은 비치는 네 광명으로 나아오리라"(사 60:1-3).

이 빛이 우리에게 임할 것입니다. 이 공동체, 이 백성, 이 나라, 이 민족에게 임할 것입니다. 이 빛이 임하면 우리 삶의 모든 어그러진 것들이 제자리를 찾고, 어둠이 물러나고, 거룩한 존재로 변화될 것입니다. 하나님은 지금 우리에게 이 빛을 비추기를 원하십니다.

성경에 보면 '새 하늘과 새 땅'이라는 말이 나옵니다. 하나님이 지으신 세계가 있는데 왜 '새'라는 말을 붙였을까요? 이것은 재창조를 말합니다. 우리는 죄와 허물로 인해 죽을 수밖에 없는 존재들입니다. 그러나 흑암의 백성이었던 우리를 전능하신 하나님이 빛을 비춰주셔서 생명과 영광과 권능과 권위의 존재로 바꿔주신 것입니다.

출애굽기 10장에 보면 애굽에게 내리신 열 가지 재앙 중에 흑암 재앙이 나옵니다. 흑암 재앙이 임하자 온 땅이 깜깜해져서 아무것도 할 수 없었습니다. 두려움, 공포, 절망, 죽음뿐이었습니다. 그러나 이스라엘 백성들이 사는 곳에는 빛이 있었습니다. 어떤 흑암도 하나님의 백성들을 침범하지 못했습니다. 희한한 일입니다. 어떻게 같은 지역, 같은 땅인데 하나님의 언약 백성들이 있는 곳에는 빛이 있고, 애굽인들이 사는 곳에는 흑암이 있었을까요?

이 빛이 임한 곳에 하나님의 영광이 나타납니다. 이 빛이 임한 자들마다 하나님의 영광을 봅니다. 이스라엘 백성들은 자기들을 비췄던 그 빛을 따라 애굽을 탈출했습니다. 그리고 광야로 나왔습니다. 그 광야에서 이스라엘 백성들을 이끈 것이 무엇이었습니까? 구름기둥과 불기둥이었습니다. 하나님은 빛으로 이 백성들을 이끄셨습니다.

이 빛은 우리의 삶을 인도합니다. 도망쳐 나온 이스라엘 백성 앞에는 홍해가 있고 뒤에는 애굽 군대가 쫓아왔습니다. 그러자 이스라엘 백성들을 인도하던 빛이 애굽 군대를 가로막았습니다. 그동안 이스라엘 백성들은 갈라진 홍해를 건너갔습니다. 이 빛이 우리를 지켜줍니다. 우리의 안전을 보장합니다. 엘로힘의 하나님, 온 우주 만물을 창조한 전능하신 하나님이 바로 우리 하나님이십니다! 이것을 고백하십시오. 이 빛이 있으면 우리 삶의 모든 문제 앞에서 담대할 수 있습니다. 당신을 공격하려고 하는 감정, 이성적 판단, 경험 앞에서 이 빛을 선포하십시오. "엘로힘, 나의 하나님, 전능하신

하나님이 선포하셨나니, 어둠은 물러갈지어다!" 이렇게 선
포하는 순간 어둠, 흑암, 멸망, 죽음, 사망의 권세가 우리를
공격하지 못하고 소리를 지르며 도망가 버립니다. 이 능력이
당신의 삶 가운데 임하기를 주의 이름으로 선포합니다.

일어나라 빛을 발하라

당신이 이 글을 읽는 것으로 그치지 않고 하루 종일 이 빛
을 선포할 수 있기를 바랍니다. 저도 이것을 연습합니다. 제
가 운전하는 자동차 앞으로 누군가 예의없이 끼어들면 예전
에는 화가 앞섰는데 요즘은 "주여, 주의 영광의 빛이 저 차와
운전자에게 임하여 주옵소서"라고 기도합니다. 그러면 불쑥
솟아올랐던 마음이 누그러짐을 느끼게 됩니다. 우리가 빛을
볼 수 있는 방법이 이런 것 아니겠습니까?

이 빛을 놓치지 않기를 바랍니다. 이 빛이 이미 우리를 비
추고 있고, 우리의 삶을 인도하고 있으며, 우리를 거룩한 존
재로 구별하고 있습니다. 이 빛을 만드신 분이 여호와 하나

님이요, 이 빛이 하나님의 전 존재요, 이 빛이 온 우주 만물을 창조하신 하나님의 능력입니다. 이 능력이 우리 가운데 있습니다. 그래서 모세 앞으로 하나님이 휙 지나가셨을 때 살짝 봤을 뿐인데도 모세의 얼굴에서 광채가 난 것입니다. 이 모든 것은 하나님 – 위엄, 전 존재, 신비하며 알 수 없으면서도 알 것 같은 분 – 이 인간의 이성과 지성 가운데 임했다는 뜻입니다. 우리 안에 이런 일이 일어나기를 바랍니다. 유치하고 저주스러운 문제들, 비굴하고 암담했던 과거는 떠나가고 영광의 빛으로 충만한 삶을 살기를 간절히 바랍니다.

당신이 "주여, 빛으로 임하여 주옵소서"라고 기도하지 않기를 바랍니다. 이 기도부터 바꿔야 합니다. 성경은 "일어나라! 빛을 발하라!"고 합니다. 무슨 말입니까? 이미 우리에게 빛이 있다는 것입니다. 히브리서에 보면 "하나님께는 회전하는 그림자도 없다"고 합니다. 세상 모든 것에는 그림자가 있습니다. 그런데 하나님께 그림자가 없다는 것은 그분이 빛이시라는 이야기입니다. 엘로힘, 전능하신 하나님이라는 뜻입니다. 엘로힘의 하나님이 이미 우리 안에 계십니다.

"주여, 우리가 이 빛을 비추게 하옵소서! 복음을 거부하고 있는 가족들, 친척들, 제 삶에 깊이 연관되어 있는 사람들, 흑암에 있는 백성들에게 이 빛을 비추게 하옵소서! 제가 가는 곳에 생명이 자라고, 영광이 비춰지며, 제가 손을 내미는 사람마다 소망을 갖게 하여 주옵소서! 희망을 갖게 하옵소서! 주여, 모든 갈등과 염려가 사라지고, 다시 한 번 소망과 생명이 회복되도록 빛을 비추어 주옵소서!"라고 기도하십시오.

이미 자신에게 있는데도 있는지조차 알지 못하는 것처럼 안타까운 일이 어디 있겠습니까? 없어서 못하는 것이야 어쩔 수 없지만, 있는데 있는 줄도 모르고 방황한다면 참 안타까운 일이 아닐 수 없습니다.

다윗은 광야에서 자신에게 주어진 양 몇 마리를 키우면서 하나님을 향해 이렇게 고백합니다.

"여호와는 나의 빛이요 나의 구원이시니 내가 누구를 두려
워하리요 여호와는 내 생명의 능력이시니 내가 누구를 무
서워하리요"(시 27:1).

이 빛을 두려워하지 마십시오. 세상은 두려움과 걱정거리
로 가득하고, 변하지 않을 것 같고 불가능해 보이는 이유들
을 가지고 우리에게 다가옵니다. 속지 마십시오. "여호와는
나의 빛이요, 나의 구원이시니 내가 누구를 두려워하리요"
라는 다윗의 고백이 우리의 고백이 되기를 원합니다.

"여호와는 나의 빛이십니다" 라는 고백이 우리 삶 가운데
강력한 무기가 되기를 간절히 원합니다.

제게 영광의 빛을 비춰주신 주님, 저를 능력의 빛 안에 있게 하신 주님, 전능하신 나의 주, 나의 하나님, 감사드립니다. 이 빛으로 저를 거룩하게 하셨고, 제 삶을 인도하셨고, 저를 보호하셨습니다. 이 빛으로 제 삶을 더욱 거룩하게 하시고, 더욱 아름다운 길로 인도하옵소서.

제 가족과 수많은 관계 안에 빛으로 임하여 주셔서 모든 어둠이 물러가게 하시고, 이 빛의 영광으로 회복되도록 기름 부어 주옵소서. 우리가 품고 기도하는 제목마다 빛의 영광이 임하기를 소원합니다. 빛에 빛을 더하소서. 우리가 속한 공동체 위에 이 빛의 영광이 나타나기를 간절히 소원합니다. 세우신 기업 위에 여호와의 영광의 빛이 마음껏 드러나기를 원합니다. 예수님의 이름으로 기도합니다. 아멘.

chapter 02

생명의 빛이신 주님

Life of Jesus

"태초에 말씀이 계시니라 이 말씀이 하나님과 함께 계
셨으니 이 말씀은 곧 하나님이시니라 그가 태초에 하나
님과 함께 계셨고 만물이 그로 말미암아 지은 바 되었
으니 지은 것이 하나도 그가 없이는 된 것이 없느니라
그 안에 생명이 있었으니 이 생명은 사람들의 빛이라"
(요1:1-4).

우리나라 어르신들은 "밤새 안녕하셨습니까?" 혹은 "식사 하셨습니까?"라고 아침 인사를 하셨습니다. 오랜 세월 동안 못 먹고, 못 자서 이런 인사가 생겼다고 합니다. 요즘은 하나 님이 우리에게 물질적으로 큰 부요함과 풍요로움을 주셨는 데 오히려 영적으로는 점점 더 고갈되어 가고 깊은 어둠 가운 데 있는 것이 아닌가 하는 안타까운 마음이 듭니다. 빛 되신 예수 그리스도로 말미암아 세상이 영적으로 더 풍성해지고 빛으로 가득하기를 소원합니다.

빛이 있으라

창세기 1장 3절은 "하나님이 이르시되 빛이 있으라 하시니 빛이 있었고"라고 기록하고 있습니다. 이 빛은 어둠과 밝음을 나누고, 생명을 자라게 하는 능력입니다. 하나님의 말씀, 초 자연적인 계시, 인간의 언어로 표현할 수 없고 인간의 지혜로 지각할 수 없는 어떤 절대적 힘이 임하여 빛이 되었습니다. 이 빛은 인간의 상식, 지성, 학문을 뛰어넘습니다. 오늘날 우리가 과학적으로 연구하는 빛은 발광체일 뿐, 창세기에서 말하는 빛이 아닙니다. 이 빛은 하나님 자신을 드러내는 영광, 거룩, 능력, 성품, 속성입니다. 사도 바울은 다메섹으로 가는 길에 이 빛을 만났습니다. 이 빛은 말씀으로 임하신 특별한 능력이었습니다. 모세가 시내 산에서 만난 빛도 태양 빛이 아니라 하나님의 절대적 위엄이었습니다. 솔로몬이 성전을 짓고 봉헌식을 할 때 그곳에 임한 영광의 빛도 하나님의 말씀 자체였습니다. 하나님의 능력과 그 본질이었습니다.

요한복음 1장도 이 빛에 대해 기록하고 있습니다.

"태초에 말씀이 계시니라 이 말씀이 하나님과 함께 계셨으니 이 말씀은 곧 하나님이시니라 그가 태초에 하나님과 함께 계셨고 만물이 그로 말미암아 지은 바 되었으니 지은 것이 하나도 그가 없이는 된 것이 없느니라 그 안에 생명이 있었으니 이 생명은 사람들의 빛이라"(요 1:1-4).

하나님은 말씀으로 빛을 지으셨고, 그 빛은 말씀의 능력을 입었습니다. 이 빛이 바로 예수 그리스도입니다. 그가 태초에 하나님과 함께 계셨고, 만물이 그로 말미암아 지은 바 되었습니다. 다시 말하면 말씀이 하나님이시고, 예수님이시며, 이 말씀으로 모든 만물이 지은 바 되었다는 것입니다.

특히 요한복음 1장 4절은 "그 안에 생명이 있었으니 이 생명은 사람들의 빛이라"고 말씀합니다. 하나님의 말씀이 빛으로 나타났으며, 그 빛은 곧 생명이었습니다. 이 빛이 비추는 곳마다 생명이 나타나고, 생명이 살아나며, 생명이 성장하게 됩니다.

빛과 어둠

그러면 어둠은 무엇입니까? 살았으나 죽은 것 같고, 생명이 없는 것입니다. 우리가 빛으로 충만할 때에는 은혜도 있고 성령의 감동도 있습니다. 세상에 무서운 것도 없고, 무엇이든 다 용서할 수 있을 것 같습니다. 그러나 어느 날 뭔가에 걸려 넘어지면, 언제 그 빛이 있었느냐는 듯이 순식간에 어둠의 세계에서 허우적거립니다. 이것이 우리의 모습입니다. 빛이 있는 곳에는 어둠도 있습니다. 빛이 우리를 비출 때에는 우리의 형체로 인해 그림자가 생깁니다. 우리가 가지고 있는 속성 자체가 그림자를 만드는 것입니다. 하나님의 빛은 그림자가 없지만, 이 빛이 우리의 인격과 삶의 모습을 비추면 어둠이 나타납니다.

우리는 '빛을 내게 비추소서'라고 간구하지만, 더 엄밀히 따지면, 빛이 나를 비추는 것이 아니라 내 안으로 들어와야 합니다. 그래서 나 자신이 빛의 근원이 되어야 합니다. 그렇지 않으면 그늘이 생기게 마련입니다. 예전에 '내적 치유 세미나'를 인도할 때 저도 "이 빛이 우리 상처에 쬐이도록 기도하라"고 했는데, 가만히 생각해보면 하나님의 빛이 스포트라이트도 아니고, 어떻게 일부분인 상처만 비추겠습니까? 하나님의 빛은 모든 것을 비춥니다. 이 빛이 우리 안에 통째로 들어오도록 몸부림을 치며 기도해야 합니다. 물론 내 인격은 아직 변하지 않았고, 내 삶의 모습은 거룩하지 못할지라도 그 빛, 그 말씀의 능력이 내게 임하면 그늘은 더 이상 나의 것이 아닙니다. 나 자신이 빛인데 어떻게 그늘이 생길 수 있겠습니까? 회전하는 그림자도 없으신 하나님의 영광이 내게 임하는데, 어떻게 그림자가 있을 수 있겠습니까?

우리가 "하나님, 잘못했습니다. 저것도 잘못하고 이것도 잘못했습니다. 용서해주십시오"라고 기도하면 기도하는 사람도 짜증나고, 듣는 사람도 짜증납니다. 오늘도, 내일도 계속 그 회개를 할 것을 자신도 알고 세상도 알기 때문입니다. 이것만으로 신앙생활을 한다면 정말 힘듭니다. 그럼, 어떻게 해야 합니까? 그냥 선포하고 나가십시오. "하나님, 저는 죄인입니다. 저는 그늘에 있고, 어둠에 있으며, 생명이 없는 사람입니다. 하나님, 제게 임하여 주시고, 빛의 영광으로 저를 덮어주시며, 이 빛의 영광이 제 안으로 들어오게 하옵소서. 제 인격과 삶의 모습이 완전히 거듭나게 하옵소서." 이렇게 기도하며 몸부림치십시오. 물론, 때로는 하나님이 우리에게

조목조목 꼬집으실 때도 있습니다. 그럴 때는 빨리 회개해야
합니다. "사소하고 작은 일인데 뭘 그러느냐? 작은 가시가
박힌다고 죽지 않는다"라고 말할 수도 있습니다. 맞습니다.
당장은 죽지 않겠지만, 그 가시로 인해 상처가 곪고 피부 조
직이 상한다면 어떻게 되겠습니까? 이처럼 우리 영혼, 인격,
심령 안에 박혀 있는 죄의 가시들은 빼내야 합니다. 그냥 놔
두면 시름시름 앓게 되고 영혼이 자라지 못하게 됩니다.

어둠은 우리가 노력한다고 물러가지 않습니다. 빛이 임해
야 합니다. 그러기 위해서는 먼저 우리가 "이 빛이 내게 없
다"는 것을 인식해야 합니다. 만약 이 빛이 우리 안에 있다면
왜 우리가 좌절하고 방황하겠습니까? "제게는 이 빛이 없습
니다. 저는 죄인이고, 사망과 흑암에 사는 자이며, 주님이 잠
깐 내버려두시면 악의 세력에 끌려 다닐 수밖에 없는 자입니
다"라는 자기 인식이 필요합니다. "주님, 제게는 빛이 없습니
다. 긍휼히 여겨주옵소서." 여기서부터 시작하십시오. 자기
의 실수와 잘못을 인정하는 것은 위대한 능력입니다.

예수님은 "진실로 너희에게 이르노니 너희가 돌이켜 어린 아이들과 같이 되지 아니하면 결단코 천국에 들어가지 못하리라"(마 18:3)라고 말씀하셨습니다. 어른들은 세련된 것 같지만 변명이 많고 자기 합리화가 많습니다. 영적으로도 그렇습니다. 예수님을 영접한 지 얼마 안 된 분들은 말씀을 잘 받아들입니다. 그동안 얼마나 갈급했겠습니까? 말씀만 들어도 그 말씀이 살아서 자기 안에서 역사하는 것을 느낍니다. 하지만 시간이 지나면서 자신보다는 다른 사람의 허물이 눈에 들어오기 시작합니다. 아는 것은 많아졌는데 능력은 보이지 않게 됩니다.

어둠의 역습

어느 순간 영혼에 그늘이 생기기 시작합니다. 이것이 위기입니다. 문제는 이것을 스스로 인식하지 못한다는 것입니다. 신앙적으로는 세련되고, 교회의 시스템은 익숙해졌는데, 영혼은 점점 그늘이 덮이는 것입니다. 제가 목사 안수를 받을 때 집중적으로 들린 하나님의 음성은 "네가 목사가 되면, 하늘 문이 열리고 빛이 임한다"가 아니라 "너는 더욱 겸손하라"였습니다. 선배 목사님들과 주변에서 기도해주시는 분들의 권면도 "목사가 되면 그때부터 목에 힘이 들어가니 조심하고, 전도사 때처럼 겸손하라"였습니다.

그렇습니다. 우리가 익숙해질 때 조심해야 할 것은 그늘입니다. 사랑과 믿음과 소망의 공동체인 교회에서 상처를 주고받는 이유가 무엇일까요? 빛이 임했을 때 내 그늘이 너무 짙기 때문입니다. 자기 그늘은 밟지 못하지만 다른 사람의 그늘은 가서 밟을 수 있습니다. 밟힌 사람은 밟히지 않으려고 피해다닙니다. 그래서 힘들게 신앙생활을 합니다.

이 모든 것이 우리 안에 빛이 없기 때문입니다. 빛이 없으니 그늘이 생기고, 그늘이 생기니 어려움이 생깁니다. 이 빛을 받으십시오. 빛이 임하는 곳에 생명이 있습니다. 빛이 임해서 우리 안에 하나님의 영광이 드러나기 시작하면 갈등과 아픔은 사라집니다. 모든 인간관계, 모든 공동체가 다 마찬가지입니다.

그런데 이 빛을 선포하면 어둠이 가만히 있을까요? 어둠은 호시탐탐 우리의 약점을 노리고 있다는 사실을 기억하십시오. 출애굽기 17장에 보면 이스라엘 백성들이 르비딤에서 아말렉 족속과 싸우는 장면이 나옵니다. 그들이 싸우는 방법이 특이합니다. 모세가 산 위에서 손을 들면, 여호수아가 아말렉과의 싸움에서 이기고, 팔이 아파서 내리면 싸움에서 졌습니다. 그래서 아론과 훌이 모세의 팔이 내려오지 않도록 곁에서 받쳐 주었습니다. 결국 이스라엘이 승리했습니다.

이때 하나님의 반응이 재미있습니다. 하나님은 "아말렉 족속과 대대로 싸우겠다"고 하십니다. 아말렉은 야곱의 형 에서의 자손으로 이스라엘과 형제였습니다. 이런 아말렉이 광야 생활에 지쳐 뒤로 떨어진 약한 이스라엘 백성들을 공격했습니다(신 25:18). 이른바 '아킬레스건'이라고 불리는 약점을 공격한 것입니다. 사탄도 그렇습니다. 호시탐탐 우리의 약점을 노립니다. 우리 인격의 가장 연약한 부분, 이것 아니면 안 된다고 집착하는 곳을 사탄은 잘 알고 있습니다. 우리는 교회의 일상적이고 신앙적인 삶보다는 우리의 인격과 삶의 어떤 결정적 약점, 나쁜 습관, 열등감, 상처 등으로 쉽게 무너집니다.

하나님의 영광의 빛으로 살고자 하면서도 속상한 일이 생기면 어느새 그 빛은 사라지고, 자기 하고 싶은 말을 하며, 자신 안에 있는 것을 다 쏟아버릴 때가 많습니다. 하지만 하나님의 영광의 빛이 있으면, 자신이 주장하고 싶고 말하고 싶은 것을 다 말하지 못합니다. 이 빛은 거룩이요, 영광이요, 그분의 임재요, 하나님의 성품이요, 온 우주 만물을 태초부터 지으신 하나님의 절대적 능력과 힘인데 어떻게 인간이 주장하고 싶은 대로 다 주장하겠습니까?

이 빛으로 말미암아 우리 안에 있는 모든 어둠의 세력이 무너지는 축복이 있기를 간절히 바랍니다.

빛의 생명력

이 빛이 생길 때 땅은 아무것도 없는 상태였습니다. 거기에 빛이 임하자 생명이 나타나기 시작한 것입니다.

"말씀이 육신이 되어 우리 가운데 거하시매 우리가 그의 영광을 보니 아버지의 독생자의 영광이요 은혜와 진리가 충만하더라"(요 1:14).

이 생명, 이 빛이 곧 예수 그리스도입니다. 빛이 없는 우리는 빛이신 예수님을 만나야 합니다. 그분과 화합해야 합니다. 우리에게 오신 그분을 영접해야 합니다. 그러면 우리 인생과 인격에 변화가 생깁니다. 이것이 구원이요, 성화입니다. 예수님을 만나면 하늘의 각양 좋은 것들이 빛들의 아버지로부터 우리에게 임합니다. 하나님의 가장 좋은 것들이 우리에게 역사하기 시작합니다. 그렇기 때문에 우리의 모든 문제들은 빛이신 예수 그리스도를 통해 해결할 수 있습니다. 빛이 임해야 회복이 일어나고, 능력이 나타나며, 모든 어둠의 세력이 사라집니다.

모든 어그러진 관계 속에 우리가 빛을 비춰야 합니다. 성령님이 우리 안에서 마음껏 운행하시도록 자신을 드려야 합니다. 우리가 온갖 논리와 이론으로 가로막고 힘을 주고 있으면 인격적이신 성령님은 억지로 운행하시지 않고 기다리십니다. 이 빛이 운행하시도록 자신을 포기하십시오.

삭개오가 예수님을 영접하는 사건이 누가복음 19장에 기록되어 있습니다. 예수님이 여리고 성으로 오신다는 소식을 들은 키가 작았던 삭개오는 많은 사람들 틈에서 그분을 보기 위해 돌무화과나무에 올라갑니다. 예수님은 "삭개오야 속히 내려오라 내가 오늘 네 집에 유하여야 하겠다"(눅 19:5)라고 하십니다. 삭개오는 "내 소유의 절반을 가난한 자들에게 주겠사오며 만일 누구의 것을 속여 빼앗은 일이 있으면 네 갑절이나 갚겠나이다"(8절)라고 고백합니다. 삶의 변화가 일어난 것입니다.

이처럼 빛이 임하면 반드시 반응이 있습니다. 생명이 우리 안에 오면 영적인 회복이 일어나고 삶에 근본적인 변화가 일어납니다. 세리장인 삭개오는 부자였습니다. 그에게 빛이 임하니까 자신이 보이고 이웃이 보이고 하나님의 나라가 보이기 시작했습니다. 영적인 눈이 뜨이기 시작했습니다.

빛이 임해야 합니다. 빛이 임하면 반드시 변하게 되어 있습니다. 삭개오는 얼마나 행복했을까요? 예수님을 만났고, 삶의 자세도 바뀌었고, 구원도 받았습니다. 우리는 어떻습니까? 몇 십 년째 교회에 다니는데 삶에 변화가 있습니까? 예수님을 만났습니까? 인격에 변화가 있습니까? 어떤 분은 "기왕에 변하는 거, 바울이나 삭개오처럼 변하게 하소서"라고 기도하는데, 사실 인격이나 습관이 하루아침에 바뀌겠습니까? 하지만 이 빛이 생명력이 되어 우리를 끊임없이 바꿀 것입니다. 꿈틀대는 생명력이 우리 안에 박혀 있는 모든 상처, 열등감, 죄의 습관들을 건드리고 잘라낼 것입니다. 왜 뭔가 사건이 자꾸만 생기고, 불쾌한 일이 생기고, 전에는 괜찮았던 것이 자극적으로 들리는지 아십니까? 빛 때문입니다. 마치, 소파를 치우면 그 밑에 있는 모든 것이 드러나는 것과 같습니다.

더러운 것이 보이면 "왜 이렇게 더럽지?"라며 묵상하고, 기도하고, 금식할 필요가 없습니다. 빗자루를 들고 쓸면 됩니다. 간단합니다. 마찬가지로 우리에게 빛이 임했을 때 우리 안에 박혀 있는 모든 열등감, 상처, 문제들은 그 빛에 맡겨버리면 됩니다. 쓸어버리면 됩니다. 이것이 생명의 빛 되신 주님이 우리에게 원하시는 것입니다.

이 빛을 영접하십시오. 우리 안에는 빛이 없음을 인정하십시오. 그리고 생명의 빛이신 예수 그리스도를 자신의 삶과 인격과 영혼 가운데 영접하십시오. 그걸로 끝일까요? 아닙니다. 영접했더라도 우리 안에 생명의 능력이 느껴지지 않으면 좌절하게 되고, 다시 옛 사람으로 돌아가게 됩니다. 그렇기 때문에 우리는 끊임없이 예수님을 만나야 합니다. 그리스도의 영, 성령님이 우리 안에서 이 생명의 능력을 지속시키도록 그분께 맡겨드리는 훈련을 해야 합니다. 내면의 문제, 인격의 문제가 터져나올 때마다 우리 힘으로 그것을 억누르면 두더지처럼 다른 곳에서 불쑥불쑥 올라옵니다. 성령님을 의지하십시오. "빛 되신 성령님, 제게 이 생명의 능력을 더욱 강하고 굳게 하옵소서"라고 기도하십시오.

우리가 자신을 주장하니까 기적이 일어나지 않는 것입니다. 하나님을 의지하면, 그때부터 하나님이 역사하십니다. 맡기지 않으면 이 빛은 그냥 빛으로 그칩니다.

"어두운 데에 빛이 비치라 말씀하셨던 그 하나님께서 예수 그리스도의 얼굴에 있는 하나님의 영광을 아는 빛을 우리 마음에 비추셨느니라"(고후 4:6).

예수 그리스도의 얼굴에는 하나님의 영광의 빛이 있습니다. 그 영광의 빛을 우리 마음에 비추셨습니다. 그래서 예수 그리스도의 영광은 곧 우리의 영광입니다. 예수님을 영접하는 그 자리에서 하나님의 영광의 빛이 임하셨음을 담대하게 선포하십시오. 자신의 인격뿐만 아니라, 자신과 관련된 모든 영역 안에 이 빛을 선포하십시오. 어디로 가든지, 무엇을 하든지, 어떤 갈등이나 아픔이나 상처가 있더라도 하나님의 영광의 빛은 모든 것을 새롭게 창조해낼 것입니다.

빛의 자녀로 살라

하나님의 말씀은 실체가 있습니다. 하나님의 음성, 말씀에는 반드시 구체적인 증거가 있습니다. 그렇기 때문에 우리가 믿음을 가질 수 있는 것입니다. 증거가 없다면 어떻게 믿음을 가질 수 있겠습니까? "빛이 있으라"고 하시자 빛이 있었습니다. 이 빛이 하나님의 영광이요, 이 영광이 예수 그리스도입니다. 예수님을 영접하면 영광의 빛, 생명이 우리 안에서 역사하기 시작합니다. 이것이 실체입니다.

또한 하나님의 말씀의 실체는 우리 자신입니다. 이 빛을 우리가 영접했기 때문입니다. 생명을 우리가 받아들였기 때문입니다. 그래서 우리 안에 이 빛이 있고, 이 생명이 있는 것입니다. 그리고 공동체에도 이 영광이 나타나는 것입니다.

예수님의 생명을 가진 자들에게 있는 이 빛은 다른 누군가를 살립니다. 하나님은 우리가 목사, 장로, 권사, 집사로 사는 것이 아니라 빛의 자녀로 살기를 원하십니다.

빛의 자녀로 사는 것이 부담스러울 수 있습니다. 그러나 걱정하지 마십시오. 하나님은 이렇게 말씀하십니다. "내 아들 예수가 빛이 아니냐? 내 아들 예수의 빛에는 생명이 있지 아니하냐? 너희가 이 이름을 선포하라. 이 이름을 부르라. 예수, 이 생명의 능력이 너와 함께한다. 예수가 너를 거느리고 간다." 이것이 우리의 소망이고, 능력입니다.

예수님께 부르짖으십시오. 그분의 이름을 선포하십시오. 그러면 우리의 믿음, 소망, 사랑이 회복될 것입니다. 공동체가 회복될 것입니다. 이 빛의 능력이 임할 것입니다. 우리 가정, 기업, 민족, 나라, 그리고 우리가 하는 모든 일마다 예수 그리스도의 생명의 능력이 임할 것입니다.

믿음의 자신감을 가지십시오. 이 빛이 우리 안에 있습니다. 우리는 예수님이 우리 삶의 주인이라고 선포했습니다. 그분이 우리 안에 계신데 무엇을 두려워하겠습니까?

"여호와는 나의 빛이요 나의 구원이시니 내가 누구를 두려워하리요 여호와는 내 생명의 능력이시니 내가 누구를 무서워하리요"(시 27:1).

담대하십시오. 밀리지 마십시오. 어둠과 빛이 함께 있으면 당연히 빛이 승리합니다. 우리는 실수를 반복하고 후회할 수도 있지만, 이 빛 때문에 우리에게는 소망이 있습니다. 예수 그리스도의 생명이 우리 안에 있기 때문입니다. 자녀들에게도 이 생명을 선포하십시오. 자녀들의 태도와 말과 언어를 축복하십시오. 변화가 없는 것 같아 보여도 실망하지 마십시오. 실망은 어둠입니다. 우리는 "봐라! 변하는 것 없지"라는 사탄의 속삭임에 다 무너집니다. 속지 마십시오. 그럼에도 불구하고 "하나님은 위대하시다. 이 빚된 영광이 날마다 우리에게 임한다"라고 선포하십시오. 모든 상황, 사건, 일에 이 선포를 하십시오. 그러면 기적이 일어날 것입니다. 하나님의 위로의 손길을 체험할 것입니다. 나중에 돌아보면 이미 응답받았고, 확인해보면 문제가 해결되었다는 것을 알게 될 것입니다.

소망을 놓지 마십시오. 우리가 속한 공동체는 성장할 것이고, 교회도 부흥할 것입니다. 그래서 이 땅의 많은 심령들이 돌아올 것입니다. 다시 한 번 이 나라와 이 민족을 들어 온 인류를 구원하는 통로로 사용하실 것입니다.

주님의 빛이 우리 안에 역사하기를 소원합니다. 예수 그리스도의 생명의 빛을 영접합니다. 주님이 우리의 주님이심을 고백합니다. 주님을 모셔들이기에는 부끄럽지만, 주님이 제 마음의 문 밖에 서서 두드리고 계심을 압니다. 제 안에 들어와 좌정하셔서 주의 빛된 영광의 삶을 살도록 도와주소서. 오늘 제 모든 삶의 자리에 동일한 은혜를 내려주소서. 제가 속한 공동체, 기업, 나라, 민족, 교회 위에 동일한 은혜를 내려주소서. 예수님의 이름으로 기도합니다. 아멘.

chapter 03

생명의 물이신 주님

Life of Jesus

"명절 끝날 곧 큰 날에 예수께서 서서 외쳐 이르시되 누구든지 목마르거든 내게로 와서 마시라 나를 믿는 자는 성경에 이름과 같이 그 배에서 생수의 강이 흘러나오리라 하시니"(요 7:37–38).

예전에 대학 산학부 회원들과 지리산 종주를 한 적이 있습니다. 처음에는 '산 사나이는 함께 웃고 함께 죽는다'는 제법 거창한 노래를 힘껏 부르며 출발했습니다. 중간중간에 서로 밀어주고 끌어주며 한마음으로 목표를 향해 한 걸음 한 걸음씩 전진해 나갔습니다. 그러나 시간이 지나면서 조금씩 지치기 시작했고 차츰 낙오하는 친구들이 생겼습니다.

그들의 짐을 나눠지고 힘겹게 등반을 하다가 중간에 물을 공급받아야 할 곳에 이르렀습니다. 그런데 그곳 샘물이 다 말라버린 것입니다. 그때부터 모두가 긴장하기 시작했습니다. 하나같이 타들어가는 목을 마른침으로 적시며 말없이 발걸음을 재촉했습니다. 그러다 길 옆에 오이가 하나 떨어져 있는 것을 몇 사람이 동시에 보았습니다. 허겁지겁 달려들다가 서로 부딪혀 넘어져 나뒹굴었습니다. 작은 오이 하나를 집으려고 큰 배낭을 멘 사나이들이 동시에 달려들자 서로 부딪혀 넘어진 것입니다.

오이는 그대로 땅바닥에 있었고 나뒹군 사람들의 입가에

는 멋쩍은 웃음이 흘렀습니다. 그러다 누가 먼저랄 것도 없이 서로를 바라보며 웃음이 터졌습니다. 오이를 조금씩 나누어 베어 물고 다시 발걸음을 옮기며 씁쓸한 자신들의 모습과 왠지 서로에게 작은 금이 간 것 같은 실망감에 웃었던 기억이 있습니다.

큰소리로 당당히 외치던 우정과 의리가 작은 목마름에 바싹 말라 부스러진 낙엽 조각 같은 느낌을 받은 것입니다.

우리 인생은 목마름 그 자체인 것 같습니다.

아무도 해결해줄 수 없는 영적 목마름이 우리 모두에게 있습니다. 목마른 갈증은 작은 오이 조각으로 해결할 수 있다지만 영혼의 목마름은 무엇으로 해결할 수 있겠습니까?

예수님의 외침

예수님은 요한복음 7장을 통해 우리의 목마름을 해결해주십니다.

"명절 끝날 곧 큰 날에 예수께서 서서 외쳐 이르시되 누구든

지 목마르거든 내게로 와서 마시라 나를 믿는 자는 성경에

이름과 같이 그 배에서 생수의 강이 흘러나오리라 하시니"

(요 7:37-38).

예수님이 명절 끝날에 많은 사람들이 오가는 거리에서 이
스라엘 백성들을 향해 외치셨습니다. 이 외침은 깨우치게 하
기 위한 것이었습니다. 우리가 알고 있는 것과 모르고 있는
것을 다시 한 번 되짚어서 우리에게 하나님의 나라를 계시해
주시고, 하나님이 어떤 분이신지 가르쳐주시기 위한 것이었
습니다.

이렇게 하신 날이 '명절 끝날'이었습니다. 이스라엘에는 세
개의 주요 명절이 있습니다. 유월절, 칠칠절, 초막절입니다.
유월절은 이스라엘 백성들이 출애굽을 할 때 모든 장자들이
죽는 재앙을 넘어 노예로부터 풀려난 것을 기념하는 절기입
니다. 칠칠절은 유월절 이후 일곱 날이 일곱 번 지나 50일째

되는 날을 지키는 절기입니다. 이 절기는 보리 추수할 때 지키게 되는데 우리나라의 '봄'이라고 보시면 됩니다.

　오늘 말씀에 나오는 명절은 '초막절' 또는 '수장절'이라고도 합니다. 이때는 올리브나 포도 등의 과일들을 수확해서 창고에 넣고 겨울을 날 준비를 하게 됩니다. 특히 초막절 끝날에는 수확한 포도와 올리브를 하나님께 드리면서 제단에 물을 뿌리며 대속죄일을 선포합니다. 한 해 농사와 삶을 마무리하면서 "우리가 1년 동안 지은 모든 죄를 다 용서하셨다"라고 선포하는 날입니다. 그리고 모든 백성들이 일주일 동안 먹고 마시며 춤을 추면서 잔치를 벌입니다. 이 백성들이 얼마나 기쁘겠습니까? 창고에 먹을 것이 잔뜩 있고, 영적 부담까지 덜었으니 말입니다. 그런데 그때에 예수님이 "누구든지 목마르거든 내게로 와서 마시라 나를 믿는 자는 성경에 이름과 같이 그 배에서 생수의 강이 흘러나오리라"라고 말씀하신 것입니다. 정말 기가 막힌 말씀입니다.

　이스라엘 백성들은 하나님을 잘 알고 있었습니다. 초막절에는 '우리 죄가 용서받았다'는 영적인 의미도 있었지만, '하나님이 알맞은 비를 주셔서 이렇게 많은 포도와 올리브를 추수할 수 있게 하셨다'는 감사의 의미도 있었습니다. 그런데 예수님은 그런 절기를 지키러 온 사람들에게 "너희가 물로 죄사함을 받고 은혜로 사는 자임을 고백하지만, 참 생수는 나다. 내게 와서 먹고 마셔라"라고 말씀하신 것입니다. 흥겨운 잔치에 찬물을 끼얹는 이야기입니다. 하지만 여기에 놀라운 영적 생명의 진리가 있습니다.

나는 목마른 자인가?

왜 예수님이 "누구든지 목마르거든 내게로 와서 마시라"라고 말씀하셨을까요?

첫째, 예수님이 초청한 사람들은 '누구든지'입니다. 여기에는 두 가지 의미가 있습니다. '아무나 오라'는 뜻과 '오고 싶은 사람만 오라'는 뜻입니다. 얼핏 들으면 '오라'는 초청 앞에 우리가 선택하면 될 것 같습니다. 그러나 그것이 전부가 아닙니다. 이 초청에 올 수 있는 사람은 반응하는 사람들뿐입니다. 누구에게나 열려 있지만 모두가 다 올 수 있는 것은 아닙니다.

신앙이 성숙하지 못한 사람은 말씀을 듣고 자기 기준과 감정으로 판단하고 결정합니다. 반면에 성숙한 사람은 자기 상태와 상관없이 주님의 말씀에 반응하고 순종합니다. 누구에게나 선택할 기회가 있지만 아무나 그 기회를 붙잡을 수 있는 것은 아닙니다. 예수님이 '누구든지'라고 하신 말씀에는 '부자나 가난한 자나, 배운 자나 못 배운 자나, 출신 성분이 좋은 자나 좋지 않은 자나, 예루살렘 출신이나 갈릴리 출신이나 누구든지 상관없다. 높은 자나 낮은 자나 누구든지 상관없다. 내 말을 듣고 반응하는 사람은 오라'는 뜻이 있는 것입니다.

소유나 지식이나 형편 등은 인간의 평가 기준입니다. 예수님의 평가 기준은 다릅니다. 베드로는 인간적으로는 형편없었지만, 예수님이 부르실 때 "나는 죄인입니다"라며 자신의 본질을 깨닫고 반응했습니다. 이것이 그의 위대한 점입니다. 하지만 가룟 유다는 어떻습니까? 가룟 유다도 예수님이 부르시자 제자로 헌신했습니다. 그러나 항상 그를 붙잡고 있었던 것은 돈이었습니다. 출신 성분은 가룟 유다가 베드로보다 훨씬 낫습니다. 셈도 밝고 더 똑똑했습니다. 그러나 그것이 중요하지 않았습니다. 예수님은 그분의 말씀에 어떻게 반응하는가를 살펴보십니다.

누구에게나 기회가 있지만 아무나 기회를 잡을 수 있는 것은 아닙니다. 이것이 예수님의 방식입니다. 아마도 유대인들이 이 말을 들었을 때 기분이 나빴을 것입니다. 자기들만 초청하면 좋겠는데 누구든지 오라고 하니 얼마나 기분 나쁘겠습니까? 하지만 이것이 얼마나 큰 복음입니까! '누구든지'라는 이 말에 반응했기 때문에 지금 우리가 함께 있는 것이 아니겠습니까? 이것이 복음입니다.

둘째, 예수님은 "내게로 와서 마시라"라고 했습니다. 예수님은 믿음으로 반응한 사람들에게 자기 자신을 주십니다. 성만찬의 의미가 무엇입니까? 예수님을 먹고 마시는 것입니다. 그냥 떡 한 조각 먹고 포도주 한 잔 마시는 것이 아닙니다. 예전에 어떤 분이 성만찬 때 떡을 가져다 아이에게 먹이는 것을 봤습니다. 혹시 아이를 사고로부터 보호해주지 않을까 하는 생각에서 그것을 먹였다고 했습니다. 성만찬의 의미를 모르면 그런 오해도 할 수 있습니다. 다시 말하지만, 성만찬은 예수님의 몸을 먹고 피를 마시는 것입니다. 그분의 삶, 가치, 인격, 성품, 속성을 먹고 마시는 것입니다. 그분이 내 안에 들어오시는 것입니다. 내가 예수님 안에, 예수님이 내 안에 들어오시는 것입니다. 예수님과 하나님이 하나이신 것 같이 우리도 예수님을 먹음으로 존귀하신 하나님과 하나가 되는 것입니다. 이것이 성만찬입니다. 그래서 성만찬을 할 때 하나님의 영광이 임하고 귀신이 떠나갑니다. 육신의 질병이 낫습니다. 하나님의 영광의 빛이 우리 안에 들어오는데 어떻게 죄가 우리 안에 그냥 있을 수 있겠습니까?

생명의 물 되신 예수님

요한복음 4장에 수가 성 여인과 예수님이 만난 장면이 기록되어 있습니다. 예수님이 사마리아를 통과해 갈릴리로 가실 때였습니다. 행로에 곤하신 예수님이 '야곱의 우물'이 있는 사마리아 수가 성 부근에서 잠시 쉬셨습니다. 우물가에는 그늘이 없는데 왜 그곳에서 쉬셨을까요? 여기에 예수님의 섭리가 있습니다. 그분은 누군가를 기다리셨던 것입니다. 그때가 오후 3시경이었습니다. 그 시간은 이스라엘의 햇볕이 가장 따가울 때입니다. 그런데 그때 한 여인이 물동이를 이고 그 우물에 물을 길러왔습니다.

예수님은 물을 길러 온 여인에게 물을 한 그릇 달라고 했습니다. 그러자 이 여인이 "당신은 유대인인데 왜 사마리아인인 나에게 물을 달라 하느냐?"고 합니다. 그때 예수님이 이렇게 말씀하십니다.

"네가 만일 하나님의 선물과 또 네게 물 좀 달라 하는 이가 누구인 줄 알았더라면 네가 그에게 구하였을 것이요 그가 생수를 네게 주었으리라 … 이 물을 마시는 자마다 다시 목마르려니와 내가 주는 물을 마시는 자는 영원히 목마르지 아니하리니 내가 주는 물은 그 속에서 영생하도록 솟아나는 샘물이 되리라"(요 4:10, 13-14).

예수님은 정확하게 여인의 갈급함을 보셨습니다. 수가 성의 여인은 예수님과 대화를 하면서 영혼의 갈급함을 알게 되었습니다. 그리고 예수님을 영접하고, 사마리아 성의 전도자로 나섭니다. 즉각적인 변화가 일어난 것입니다.

예수님이 주시는 생수는 우리의 심령을 변화시키고, 우리 안에 새로운 소망을 줍니다. 그리고 복음 앞에서 우리가 어떻게 살아야 할지를 결정하게 하고, 복음을 전하는 자로 결단하게 합니다. 생수는 우리의 삶을 순식간에 바꿉니다. 예수님만이 우리 심령의 모든 갈급함을 채우실 수 있는 분입니다. 우리는 좋은 집, 값비싼 보석, 멋진 자동차, 뭔가 화려한 것에 집착하는 경향이 있습니다. 이것은 선과 악의 문제가 아닙니다. 전 세계적으로 기름 한 방울 나지 않는데 우리나라처럼 잘 사는 나라는 없습니다. 외국은 밤이 되면 어딜 가나 캄캄합니다. 24시간 아무 때나 나가서 먹고 놀 수 있는 곳은 우리나라밖에 없습니다. 겉으로는 이렇게 좋고 화려하지만 속은 어떻습니까? 우리 안의 영적인 목마름은 점점 더 심해지고 있지 않습니까? 우리가 가진 걸 누리는 것이 잘못되었다는 말이 아닙니다. '우리 안에 있는 목마름을 어떻게 해결할 것인가?'에 집중해야 한다는 것입니다. 어떤 것도 우리를 채울 수 없다는 것을 우리가 인식하고 고백한다면, 우리 안에 갈급함이 있다고 한다면, 오늘 이 순간 우리는 생수이신 예수 그리스도께로 가야 합니다. 가서 마셔야 합니다. 이것은 누구든지 할 수 있지만 아무나 할 수 있는 것은 아닙니다. 말씀에 반응하는 자만이 할 수 있습니다. 생수이신 예수 그리스도로 충만하시기를 바랍니다.

심령이 메마른 사람에게는 여유가 없습니다. 자신이 바싹 말라 있는데 어떻게 다른 사람을 돌보며 나눌 수 있겠습니까? 다 생각이고 이론일 뿐입니다. '왜 나는 하나님 앞에 내 삶을 마음껏 드리지 못할까? 왜 나는 이런 영적인 부담감, 하나님께 죄송한 마음, 아픔만 가지고 살까?' 하는 생각이 드십니까? 이것은 우리 인격의 문제가 아닙니다. 목마름의 문제입니다. 곳간에 먹을 것이 가득해도 영혼의 목마름은 해결할 수 없습니다. 우리에게는 이 생수가 필요합니다. 이 생수는 생명수입니다. 우리를 살리는 물입니다. 상처로 찢겨지고, 죄의 문제로 눌려 있는 모든 심령이 생수이신 예수님을 마실 수 있기를 바랍니다.

예수님이 말씀하십니다. "내가 이 땅에 이른 비와 늦은 비를 주지 않았다면 곳간에 가득 쌓인 포도, 올리브, 보리, 밀 등을 어떻게 수확할 수 있었겠느냐? 너희들이 예배 의식을 통해서 그 은혜를 고백한 것을 내가 다 안다. 애썼다. 수고했다. 그러나 너의 목마름을 어떻게 할 것이냐?"

예수님은 우리의 삶, 신앙, 심령의 핵심, 본질을 놓치지 않으셨습니다. 수많은 사람들에게 이적과 기적을 베푸신 예수님은 한낮에 야곱의 우물가에서 한 여인을 기다리고 계셨습니다. 그 여인에게는 남편이 다섯 명 있었습니다. 그 여인이 음란했기 때문이 아닙니다. 자기 영혼의 목마름의 문제를 어떻게든 해결하려고 자기 삶을 남자에게 의탁했던 것입니다. 하지만 그 목마름은 채워지지 않았습니다. 예수님은 여인에게 "네 남편을 데려오라"고 말씀하십니다. 여인은 "내가 남편이 다섯이 있으나, 지금은 내게 남편이 없습니다"라고 대답합니다. 이것이 우리 삶의 실재입니다.

"주님, 제게 많은 것이 있으나, 제가 그것을 선택했으나, 그것은 제 것이 아닙니다. 그래서 저는 목마릅니다." 이 목마름이 이 여인의 것이었습니다. 이 목마름이 명절 끝날을 맞는 이스라엘 백성들의 것이었습니다. 이 목마름이 오늘 우리에게 있는 갈급함입니다. 이것을 어떻게 해결할 수 있습니까? 생수이신 예수 그리스도를 마셔야 합니다. 십자가의 보혈을 마시고, 십자가의 눈물을 마셔야 합니다. 성경은 이 생수가 성령님이라고 소개합니다. 그렇습니다. 성령님이 우리에게 임하시면 우리 안에 있는 이 목마름이 해결됩니다. 성령님은 그리스도 예수의 영이십니다. 성령님이 우리 안에 오시면 우리의 메마른 가슴이 적셔지고, 모든 용서 못할 것들이 사라지며, 주님의 거룩함을 덧입은 자로 회복될 것입니다. 이 분을 영접하십시오.

출애굽기 17장에 이스라엘 백성들이 광야를 헤매다가 목말라 죽게 되었을 때 일어난 사건이 기록되어 있습니다. 아이와 노인들도 마실 물이 없자 원망하고 불평하기 시작했습니다. 저주하기 시작했습니다. 서로 미워하고, 경쟁하며, 싸우기 시작했습니다. 지파별로 나뉘고, 자녀가 부모를 거역하기 시작했습니다. 목마름의 결과는 다툼과 분쟁이었습니다. 시비와 비판이었습니다.

제 심령 안에 목마름이 있었을 때 저 또한 부모님의 신앙 덕분에 산다는 것을 알면서도 그 신앙을 비판한 적이 있었습니다. 내 남편, 내 아내, 내 자녀, 내 부모가 얼마나 귀합니까?

그런데 내가 목마르면 모두 원수가 되어 버립니다. 결국 관계의 문제도 목마름의 문제입니다. 사람의 말, 행동, 인격을 따라가면 희망이 없습니다. 자신의 목마름을 볼 수 있는 영적 눈이 열리기를 바랍니다. 나아가 자신의 가족, 이 땅, 이 민족, 이 세상의 목마름을 볼 수 있기를 바랍니다.

이스라엘 백성들이 르비딤에 도착했을 때, 하나님은 모세에게 반석을 치게 하셨습니다. 모세가 반석을 치자 반석이 쪼개지고 샘이 터졌습니다. 하나님이 손을 대시면, 예수 그리스도가 우리 안에 오시면, 겉으로는 죽음이요 아무것도 없는 사막일지라도 그곳에서 생수가 터져 나옵니다. 이것이 주님의 뜻이요, 섭리입니다. 목마름 때문에 좌절하는 우리에게 주님은 생수를 예비하고 계십니다. 주님께 구하십시오. 그러면 반석에서 생수가 터져나올 것입니다.

성령님, 우리 가운데 임하셔서 메마른 우리의 심령을 적셔주옵소서. 목마른 우리의 심령을 불쌍히 여기시고 우리 안에 생수의 강이 터지게 하여 주옵소서. 이 생수가 우리의 심령, 가정, 교회, 기업, 이 나라, 이 민족을 적시고, 이 땅의 모든 영역으로 흘러 들어가 세계 열방으로 흘러가게 하옵소서. 이 땅에 부흥을 허락하옵소서. 하나님이 주신 공동체를 통하여 생수가 흘러넘치게 하옵소서. 우리의 허물이 씻김을 받고, 하나님을 찬양하며, 예배하고, 이 생수가 터져 나가는 하늘의 공동체 되도록 기름 부어 주옵소서. 정직하게 하옵소서. 순결하게 하옵소서.

주님, 목마름으로 인하여 좌절하고, 절망하며, 죽어가는 심령들에게 다가가 이 생수로 저들을 적실 수 있도록 기회를 허락하여 주옵소서. 주님, 사랑합니다. 감사드립니다. 예수님의 이름으로 기도합니다. 아멘.

chapter 04

흘러넘치는 생명수이신 주님

Life of Jesus

"여호와가 너를 항상 인도하여 메마른 곳에서도 네 영혼을 만족하게 하며 네 뼈를 견고하게 하리니 너는 물 댄 동산 같겠고 물이 끊어지지 아니하는 샘 같을 것이라"(사 58:11).

외국 선교 단체나 교회에서 '코리언 프레어'(Korean Prayer)라는 용어를 사용합니다. 이 말은 '부르짖는 기도', '통성기도'를 뜻합니다. 이 말이 국제 용어가 되었습니다. 그만큼 우리나라 사람들의 부르짖는 기도에는 강력한 능력이 있습니다. 외국에서 훈련을 받을 때, 새벽마다 숲속에서 울려퍼지는 것은 전부 우리나라 사람들의 목소리였습니다. 우리는 어디를 가나 어느 때나 하나님을 향해 강하게 부르짖습니다. 그만큼 우리 민족이 영혼의 목마름을 해결하고자 누구보다 간절히 기도하는 민족이라고 믿습니다. 그래서 하나님은 특별히 이 시대 우리 민족에게 큰 기대를 갖고 계신 것 같습니다.

목마름은 간절한 기도의 삶을 살게 합니다. 하나님은 간절한 기도를 통해 당신의 뜻을 알게 해주실 것입니다.

메마른 땅, 메마른 사람들

우리의 삶은 시간이 갈수록 왜 각박하고 독해질까요? 심령이 메말랐기 때문입니다. 우리 삶의 모든 관계들이 메말랐기 때문입니다. 그렇기 때문에 먹고 또 먹어도 배가 고프고, 마시고 또 마셔도 목마릅니다. 무엇을 해도, 무엇을 가져도 영혼에 만족이 없습니다. 아무리 성공을 하고 성취를 해도 영혼의 고독은 심각해져만 갑니다. 이것이 우리 삶의 실재입니다.

이사야서 58장은 '물 댄 동산', '물이 끊어지지 아니하는 샘'을 제시합니다.

"여호와가 너를 항상 인도하여 메마른 곳에서도 네 영혼을 만족하게 하며 네 뼈를 견고하게 하리니 너는 물 댄 동산 같겠고 물이 끊어지지 아니하는 샘 같을 것이라"(사 58:11).

물 댄 동산이란 무엇입니까? 물이 넉넉한 동산입니다. 어디를 봐도 샘이 나오고, 어디를 봐도 물이 흐릅니다.

물 댄 동산에는 사나운 것이 존재하지 않습니다. '가정, 공동체, 교회가 물 댄 동산 같다'는 말은 무슨 뜻입니까? 생명의 근원이 된다는 것입니다. 심은 대로 싹이 나고, 씨를 뿌린

대로 열매를 거둔다는 말입니다.

결론적으로, 우리 인생에 물이 채워져야 합니다. 물은 윤활유 역할을 합니다. 바싹 마른 산은 보는 사람마저 숨가쁘게 합니다. 하지만 봄비가 내리면 산이 부드러워지고 생명의 소리도 들리지 않습니까? 마찬가지입니다. 우리의 심령에 하나님의 은혜와 성령의 비가 내리면 생명이 나타납니다.

우리가 왜 자꾸 분쟁과 갈등을 일으킬까요? 우리의 심령이 메말라 있기 때문입니다. 인간의 죄성은 심령을 메마르게 합니다. 우리 자녀들이 소리를 지르는 것은 심령이 메말랐기 때문입니다. 그 문제만 보면 희망이 없습니다. 거기에 물이 있어야 합니다. 물 댄 동산같이 생명수가 차올라 심령을 덮어야 합니다.

에스겔서 47장에 보면 하나님이 에스겔 선지자를 성전으로 데려가시는 내용이 나옵니다. 성전은 동쪽을 향해 있는데, 문지방부터 물이 차오르기 시작합니다. 하나님의 천사가 성전의 길이와 넓이와 깊이를 잴 때마다 물이 차오르기 시작합니다. 발목, 무릎, 허리, 어깨까지 차오르다가 완전히 물에 잠기게 됩니다. 이 물은 흐르고 흘러 골짜기를 타고 내려가면서 강을 만듭니다. 이 강물이 바다로 흘러 들어가자 모든 생물이 죽어 있던 바다가 살아나기 시작합니다. 나무에는 열매가 맺히고, 죽은 땅이 회복되기 시작합니다.

이 물이 어디에서 출발했습니까? 성전입니다. 우리의 메마른 심령을 적시고, 이 세상을 적실 수 있는 생명의 물은 성전에서 나옵니다. 성전은 어떤 곳입니까? 하나님을 모신 곳입니다. 예수 그리스도를 영접한 곳입니다. 우리가 예배를 드리는 곳입니다. 이곳에서부터 생명의 물이 흐릅니다.

수가 성의 여인은 물을 길러왔다가 예수님을 만났습니다. 예수님은 "이 물을 마시는 자마다 다시 목마르려니와 내가 주는 물을 마시는 자는 영원히 목마르지 아니하리니 내가 주는 물은 그 속에서 영생하도록 솟아나는 샘물이 되리라"(요 4:13-14) 하고 말씀하셨습니다. 예수님이 주시는 물을 마셔야 합니다. 이 생명수가 하나님 앞으로 나아가는 예배의 삶을 통해 흐르고 또 흘러야 합니다. 그 배에서 생수의 강이 흘러나와서 메마른 우리의 가정, 사회, 민족에게로 흘러가야 합니다. 그러면 모든 것이 살아날 것입니다.

살아나는 땅

하나님은 왜 에스겔 선지자에게 이 생명의 물을 보여주셨을까요? 이 땅이 죽어 있기 때문입니다. 왜 죽었습니까? 생명의 물이 없기 때문입니다. 에스겔서 47장에 이렇게 기록되어 있습니다.

"이 강물이 이르는 곳마다 번성하는 모든 생물이 살고 또 고기가 심히 많으리니 이 물이 흘러 들어가므로 바닷물이 되살아나겠고 이 강이 이르는 각처에 모든 것이 살 것이며"(겔 47:9).

이 물이 가는 곳마다 모든 생물이 살아납니다. 바닷물도 살아나고, 각처의 모든 것이 살아납니다. 우리의 죽은 심령들, 메마른 심령들, 까맣게 죽어가는 영혼들이 이 강물로 인해 살아날 것입니다.

생수는 이미 우리 안에 있습니다. 예수 그리스도를 영접한 심령 안에 이미 생수의 근원이 있습니다. 그래서 우리가 고백할 때마다 생수가 터져나옵니다. 우리가 찬양을 하고 말씀을 선포할 때마다 생명이 살아납니다. 그 생명이 사람을 바꾸고, 메마른 땅을 적시고, 얼었던 마음을 녹입니다.

말에도 죽음의 말과 생명의 말이 있습니다. 죽음의 말은 모든것을 부정하고 저주하는 말입니다. 생명이 느껴지지 않고 어둠이 가까이 있는 것 같은 말들입니다. 마음이 뒤틀리고 복잡해지고 머리가 아픕니다. 그러나 생명의 말은 마음을 가볍게 해줍니다. 소망이 생깁니다. 잘될 것 같고 열정이 살아납니다. 우리의 말이 생수에 젖으면 생명의 말로 바뀌는 것입니다. '내 주 예수 계신 곳이 그 어디나 하늘나라'임을 믿으십니까? 우리가 이것을 믿음으로 선포하면 우리가 끌어안는 사람마다 이 생수에 젖을 것입니다. 우리가 가는 곳마다 생명이 살아날 것입니다.

예수님은 요단 강에서 세례를 받으셨습니다. 그때 성령이 비둘기처럼 임하고, 하늘에서 음성이 들렸습니다. 요단 강 물이 거룩해서 그랬을까요? 아닙니다. 저도 요단 강이 크고 깨끗한 줄 알았는데 실제로 가서 보니 실개천 같고 지저분해서 실망했습니다. 그런 보잘것없는 곳에서 예수님이 세례를 받으셨는데 하늘이 열리고 성령이 임하는 영적 사건이 일어난 것입니다. 저는 모든 세례가 다 이래야 한다고 생각합니다. 세례를 받을 때 하늘이 열리고, 천사가 내려오며, 성령님이 오시고, 음성이 들릴 수 있기를 바랍니다.

"강 좌우 가에는 각종 먹을 과실나무가 자라서 그 잎이 시들지 아니하며 열매가 끊이지 아니하고 달마다 새 열매를 맺으리니 그 물이 성소를 통하여 나옴이라 그 열매는 먹을 만하고 그 잎사귀는 약 재료가 되리라"(겔 47:12).

강가에 각종 과실나무가 자라고, 달마다 새 열매를 맺습니다. 잎사귀는 우리를 치료하는 치료제가 됩니다. 얼마나 기가 막힙니까? 이 물이 흐르면 까맣게 죽어 있던 땅에 싹이 나고, 나무가 자라고, 잎이 피고, 열매가 열립니다. 이것이 로마서 9장의 내용입니다. 예수님께 접붙임을 받으면 생명이 되살아나기 시작합니다. 이런 역사가 우리의 삶에도 일어날 것입니다! 우리 개인의 삶뿐만 아니라, 우리의 모든 기도 제목들이 성령의 강한 능력을 통해 생수가 되어 흘러넘칠 것을 믿음으로 선포합니다.

흘러넘치는 생명수

생명수의 본질은 생명을 낳는 것입니다. 생명수가 흐르는 곳마다 생명이 나타나고, 생명의 증거들이 있으며, 생명이 회복됩니다. 이 물은 우리의 상처도 회복시킵니다. 모든 죽은 세포에 활력이 생깁니다. 생명력이 넘칩니다. 이 물에 담그십시오. 그러면 모든 상처와 아픔이 생명으로 바뀔 것입니다.

　내적치유에는 '드러냄'의 과정이 있습니다. 숨겨져 있는 내면의 문제들이 성령님의 터치를 통해 드러나는 것입니다. 그 것이 드러나야 치유가 됩니다. 환자들도 수술을 할 때 아픈 부 위를 드러내고 메스를 대지 않습니까? 하지만 이 드러냄의 과 정이 복잡하고 힘드니까 자꾸 도망을 갑니다. 결국 아무 일도 일어나지 않습니다. 어떻게 하면 좋을까요? 물에 잠기면 됩 니다. 물에 잠기면 세포가 다 되살아납니다. 드러내고, 수술 하고, 고민할 필요가 없습니다. 이제 이런 일은 그만 합시다. "하나님, 이 생수로 모든 죽은 세포들을 되살려 주옵소서!"

예전에 내적치유 세미나를 여러 전문가들과 함께 인도한 적이 있습니다. 상처를 드러내고 회복하는 과정이 참 흥미로 웠습니다. 그래서 초급반과 다른 사람을 치유할 수 있도록 돕 는 고급반을 만들었습니다. 그런데 문제가 생겼습니다. 고급 반을 하는 동안 상처가 다시 생겼다는 이유로 초급반을 다시 찾는 적지않은 경우를 보게 되었습니다. 악순환이었습니다. 인간적으로 원인을 발견하고 치유했지만, 이론적으로 많이 알고 치유되었다고 생각했지만 상처는 되풀이되었습니다.

출애굽기 17장에 보면 이스라엘 백성들이 르비딤 평야로 나오는 장면이 나옵니다. 목이 너무 말라서 백성들 사이에서 난리가 났습니다. 장정만 60만 명이었습니다. 장정 한 명에 가족 세 명이 있다고 하면 240만 명에, 허다한 잡족까지 포함하면 모두 300만 명 정도 되었을 것입니다. 이들이 물을 마셔야 했으니 어땠을까요? 더군다나 르비딤 평야에 석 달 정도 머물렀습니다. 이런 경우라면 물이 흘러서 강이 되거나, 동시에 많은 사람이 먹을 수 있을 만큼 샘에서 물이 펑펑 솟아야 합니다. 상상해보십시오. 300만 명이 한 줄로 서서 물을 한 바가지씩만 떠서 마신다고 해도 얼마나 많은 시간이 걸리겠습니까? 게다가 목욕도 하고 빨래도 해야 하지 않겠습니까?

그렇습니다. 하나님이 만드시는 생수의 강은 졸졸 흐르는 강이 아닙니다. 그냥 잠깐 목을 축일 수 있는 정도의 것이 아닙니다. 하나님이 주시는 것은 영원히 마실 수 있는, 300만 명이 석 달을 살 수 있는 그런 정도의 것입니다! 바로 그 생수의 근원이 우리 안에 있습니다! 이것을 믿으십시오.

생수에 잠기라

하나님은 우리에게 "너는 물 댄 동산 같겠고 물이 끊어지지 아니하는 샘 같을 것이다"라고 말씀하십니다. 그렇습니다. 우리는 물 댄 동산 같은 사람입니다. 언제 어디서나 누구를 만나든지 선포하십시오. 짜증나게 하는 사람에게 선포하십시오. 그러면 그 영혼이 포근해지고 회복될 것입니다.

선포하려고 하면 우리 마음에 이런 소리가 들립니다. '과연 이게 가능한 얘기냐? 정말 확실한 거냐?' 이런 두려움이 우리 안에 있습니다. 하지만 이 선포가 이루어질 것을 믿으십시오. 하나님이 "빛이 있으라"고 말씀하시자 실제로 빛이 있었습니다. 이처럼 우리 안에 빛의 능력, 생수의 생명이 있음을 믿으십시오. 우리가 선포한 곳으로 생수가 흘러 메마른 가슴, 인간적인 생각과 가치관, 염려와 근심과 두려움을 변화시킬 것입니다.

우리 안에서 이 생수가 흘러나가기를 소원합니다. 내 중심에 있는 생수의 깊이는 아무도 모릅니다. 처음에는 메마른

바닥이었지만 성전 문지방으로 물이 흐르더니 점점 차오르고 나를 완전히 잠그고 강물이 되어 바다로 흘러가고 모든 만물을 소생시킬 것입니다. 이 능력의 근원이 우리 각 사람에게 있음을 믿으십시오. 예수 그리스도를 선포하십시오. 그러면 예수님으로 말미암아 우리가 물 댄 동산이 되고, 우리가 가는 곳마다 물 댄 동산이 될 줄 믿습니다.

먼저 자신과 관련된 것 가운데 메마른 부분을 떠올리십시오. 합리적인 이유나 논리적인 이유를 만들지 마십시오. 사탄이 얼마나 똑똑한 줄 아십니까? 사탄은 이런저런 이유를 명확하게 정리하고 기승전결에 맞춰 모범 답안을 제시합니다. 딱 보면 깔끔하고 확실해 보입니다. 그러나 빵점입니다. 생명이 없기 때문입니다. 생수에 젖지 않았기 때문입니다.

혹시 관계에 어려움을 겪고 있는 분이 계십니까? 어떤 일에 결정을 내려야 하는 분들이 계십니까? 생수에 젖기를 원합니다. 모범 답안을 만들기보다 생수에 젖기를 축원합니다. 비판, 판단, 논리에는 근거가 있습니다. 다 맞습니다. 하지만 그것이 생수에 젖어야 합니다. 과거에 우리를 절망케 했던 사건, 실망시킨 사람, 아픔 등이 남아 있으면 우리는 앞으로 나아갈 수 없습니다. 새로운 목표가 생겼더라도 이것이 또 다시 재현될까 두렵기 때문입니다. 이 모든 것이 생수에 잠기기를 원합니다.

진로 문제는 어떻습니까? 자녀의 앞날을 생각하면 앞이 캄캄하십니까? 그 절망감에 생수가 흘러넘치기를 축원합니다. 경제적으로 어려운 분들이 계십니까? 육체의 질병으로 고통하는 분이 계십니까? 이 생수에 잠기면 병든 곳과 약한 곳이 치유되고, 궁핍하고 부족한 곳에 하나님의 위로와 공급이 있을 것입니다. 하나님이 주시는 지혜가 있을 것입니다. 이런 것은 논리적으로 설명할 수 없습니다. 이것이 생수의 사건입니다. 에스겔 선지자가 보았던 그 생수가 우리 모두에게 흘러넘치기를 소원합니다.

주님, 우리가 물 댄 동산 같고, 물이 끊어지지 아니하는 샘 같아서, 온 땅을 살리는 회복의 은혜가 있게 하옵소서. 모든 일마다, 상황마다, 만나는 사람마다 이 은혜가 터져나오도록 축복하여 주옵소서. 메마른 것들이 되살아나게 하옵소서. 우리가 가는 곳마다 흥분과 열정이 살아나게 하옵소서. 생명의 근원이 되도록 기름 부어 주옵소서.

주님, 우리에게 생수가 있음에도 불구하고 메마른 곳이 있고, 갈급함이 있습니다. 회복시켜 주옵소서. 상황을 통해서 말씀하시는 하나님의 음성을 듣게 하옵시고, 하나님의 은혜의 증거를 깨닫는 축복을 주옵소서.

주님, 기적을 보여 주셔서 살아 계신 영광을 나타내시며, 우리로 하여금 믿음의 기도의 능력을 체험하도록 하옵소서. 각 사람의 고백을 받아 주시고, 물 댄 동산 같은 우리의 삶이 날마다 새로워지도록 축복하여 주옵소서. 주님을 사랑합니다. 예수님의 이름으로 기도합니다. 아멘.

chapter 05

흙에 생명을 주신 주님

Life of Jesus

"여호와 하나님이 땅의 흙으로 사람을 지으시고 생기를 그 코에 불어넣으시니 사람이 생령이 되니라"(창 2:7).

앞 장에서 빛과 물에 대한 말씀을 드렸습니다. 이번 장에서는 '흙'에 대한 말씀을 나누겠습니다. 창세기 2장 말씀입니다.

"여호와 하나님이 땅의 흙으로 사람을 지으시고 생기를 그 코에 불어넣으시니 사람이 생령이 되니라"(창 2:7).

"여호와 하나님이 흙으로 각종 들짐승과 공중의 각종 새를 지으시고 아담이 무엇이라고 부르나 보시려고 그것들을 그에게로 이끌어 가시니 아담이 각 생물을 부르는 것이 곧 그 이름이 되었더라"(창 2:19).

하나님은 사람을 '흙'으로 지으셨습니다. 히브리어를 보면, 흙은 먼지, 티끌, 하찮은 것 등의 의미가 있는데 하나님은 이런 흙으로 사람을 지으셨습니다. 그리고 모든 들짐승과 새를 사람과 같이 흙으로 지으셨습니다. 이런 의미에서 힌두교 같은 종교에서는 흙을 굉장히 중요하게 생각합니다. 흙으로 만들어진 사람, 짐승 등 생명이 있는 모든 것이 똑같이 중요하다고 생각합니다. 그래서 벌레 한 마리 죽이는 것도 금하고, 이와 관련된 의식과 행사들을 행하기도 합니다. 일부 젊은이들은 생명을 존중한다는 취지에서 이런 종교에 심취하기도 합니다.

그러나 이것은 문제가 있습니다. '흙'(하찮은 것)을 존중하는 것입니다. 이것은 우상숭배와 일맥상통합니다. 우상에는 주상과 목상 두 가지가 있습니다. 주상은 틀을 만들어 쇠를 녹여 부어서 만든 형상입니다. 목상은 내 생각, 내 의지, 내 뜻, 내 소망대로 나무를 깎아서 만든 형상입니다. 이렇게 주상과 목상을 만들고 '이것이 내게 복을 준다'고 믿는 것이 우상숭배입니다. 다 헛된 일입니다. 하나님은 "너희들이 섬기는 모든 것은 헛된 우상이니"라고 말씀하십니다. "너희들이 섬기는 것은 흙이다"라고 말씀하십니다.

안식년 때 하나님이 제게 세 가지를 깨닫게 하셨습니다.

첫째, "내 능력만 구하지 말고 내 얼굴을 구하라"고 말씀하셨습 니다. 예전에 사역하던 곳에서는 많은 일을 해야 했습니다. 그러다 보니 늘 "하나님의 능력이 나타나서 일이 잘 되게 해주십시오"라고 기도했습니다.

그런데 안식년 때 하나님은 "그동안 참 수고했다. 애썼다. 고생 많았다. 내가 다 인정한다. 그런데 이제는 내 팔을 구하기보다 내 얼굴을 구해라"라고 말씀하셨습니다. 그러고 보니 지금까지는 하나님의 능력만 구했습니다. 하나님의 품에 안기기보다 팔에 있는 힘만 원했습니다. 자녀가 부모보다 부모의 지갑에 관심이 많다면 부모 마음이 어떻겠습니까? 부모가 원하는 것은 관계입니다. 미주알고주알 이 얘기 저 얘기 하고 싶은 게 부모 마음인데, 자녀는 어떻게든 자기가 원하는 것만 얻어내려고 한다면 딱한 노릇 아니겠습니까? 하나님이 이것을 깨닫게 해주셨습니다.

"네가 나를 인정하는 것 같지만, 실제로 너는 늘 네가 원하는 것, 필요한 것만을 나에게 원했다. 나는 늘 우선순위에서 밀렸다." 저는 이 말씀 앞에서 참 많이 울 수밖에 없었습니다.

둘째, "우상숭배를 하지 말라"고 말씀하셨습니다. 저는 우상을 섬겨 본 적도 없고, 절을 해본 적도 없었습니다. 부적을 갖고 다닌 적도 없었습니다. 그런데 하나님이 제 안에 우상이 있다고 하시니 참 답답했습니다. 마침내 하나님이 그것을 가르쳐주셨습니다. "네가 의미를 부여하고, 가치를 부여하는 것이 우상이다"라고 말씀하셨습니다.

안식년에 아무것도 하는 일 없이 그냥 있으려니 힘들었습니다. 아무것도 하지 않는 것은 차라리 죽음보다 못했습니다. 그래서 곰곰이 생각하다 시간표를 짜기로 했습니다. 나름대로 영적인 의미를 부여해 가며 시간표를 짰습니다. 그대로 지키자 하루가 정말 바쁘게 갔습니다. 아침 6시에 일어나서 큐티하고 기도했습니다. 아침 먹고 나면 점심 먹고, 점심 먹고 나면 저녁 먹어야 했습니다. 산책하다가 책을 읽으러 가고, 자다가도 벌떡 일어나 운동하러 가곤 했습니다.

어느 날, 예전과 시간표대로 산 것을 비교해 봤더니 뜻밖에도 결론은 같았습니다. '놀았다'입니다. 아무 생각 없이 놀든지, 시간표를 짜서 바쁘게 놀든지 논 것은 논 것이었습니다. 결과는 똑같은데 내가 어떤 의미를 부여하고서 스스로 만족한다면 그것이 우상 아니겠습니까? 하나님은 비록 형상은 없었지만 제 안에 있는 우선 가치를 지적하셨고, 저는 그 우상을 하나님 앞에 내려놓게 되었습니다.

셋째, "교만하지 말라"고 말씀하셨습니다. 사람에 대한 편견이 교만이었습니다. 안식년에 지나온 세월을 돌이켜 보면서 가장 후회했던 것은, 일을 하면서 발생한 사람들과의 관계문제였습니다. 그 사람에게도 하나님이 주신 인생의 목표, 목적, 비전이 있는데 저는 기능만 보고 그 사람을 평가했습니다. 제가 원하는 기능을 갖고 있으면, 그 사람은 인격도 훌륭하고 영성도 훌륭한 사람이 되었습니다. 그렇지 않으면 인격도 문제가 있고 영성도 문제가 있는 사람이 되었습니다. 그렇다고 제가 그렇게 나쁜 사람은 아닙니다만, 하나님이 그런 제 모습을 보게 해주셨습니다. "내 영혼, 내 마음을 품고 있는 내 자녀들을 한가지 기준으로 판단해서는 안된다. 네가 평가해서는 안된다"는 것이었습니다.

하나님은 제게 얼마나 큰 교만이 있는가를 알게 해주셨습니다. 사실 저도 많이 부족한 사람입니다. 하지만 그럼에도 불구하고 어떤 목표를 추구할 때는 저의 의, 경험, 합리적인 이유가 판단의 기준이 되었습니다. 그 기준에 맞으면 선한 사람이고, 틀리면 나쁜 사람이었습니다. 모든 사람을 다 그런 식으로 정리를 한 제 모습을 하나님이 보게 하신 것입니다. 교만은 편견에서 나옵니다.

이런 모습을 다 정리해보니 제가 좇아갔던 것이 바로 흙이었습니다.

흙의 가치

인간은 흙입니다. 100년을 살아도 결국 모든 인간은 흙으로 돌아갑니다. 인간은 흙을 넘어설 수 없습니다. 이 흙이라는 존재를 넘어서지 못해 허무주의가 나왔습니다. 이 흙이라는 존재를 넘어서지 못해 '인생은 낭만이다'라고 주장하는 낭만주의가 나왔습니다. 이 흙이라는 존재를 넘어서지 못해 '에라, 어차피 죽을 인생인데 편하게 살다 죽자'는 쾌락주의가 나왔습니다. 이렇게 본질을 깨닫지 못한 인간은 자신의 가치를 왜곡하며 살다가 죽습니다.

"네가 흙으로 돌아갈 때까지 얼굴에 땀을 흘려야 먹을 것을 먹으리니 네가 그것에서 취함을 입었음이라 너는 흙이니 흙으로 돌아갈 것이니라 하시니라"(창 3:19).

창세기 3장 19절에서 말씀하듯이, 인간은 흙입니다. 흙이기 때문에 허무하고, 무의미하며, 무가치합니다. 하지만 흙은 무엇을 만나느냐에 따라서 존재 가치가 달라집니다. 흙에 생기가 들어가면 생령, 살아 있는 영적 존재가 됩니다. 흙에 물이 들어가면 물댄 동산이 됩니다. 흙이 더러운 죄에 오염되면 그곳에서 악이 자랍니다. 반면, 흙이 선하면 많은 생명체를 자라게 하고 키워냅니다.

인간도 누구를 만나느냐에 따라서 인생이 달라집니다. 우리 자녀들이 성령님을 만나면, 예수 그리스도를 만나면, 세월이 지날수록 삶에서 치유의 능력이 나오고, 모든 사람들의 필요를 채워주는 공급의 근원이 될 것입니다.

흙인 인간은 반드시 누군가를 만나야 하기에 갈급함이 있는지도 모르겠습니다. 어쨌든 인간은 누군가를 만나야 합니다. 무언가를 찾아야 합니다. 히브리 사람들은 인간이 흙에서 태어나 흙으로 돌아가는 것을 알고 있었습니다. 그래서 아이들에게 하나님의 말씀을 가르쳤습니다. 미간에, 손목에, 옷 술에 하나님의 말씀을 적어놓고 어딜 가나 그 말씀이 인생을 주장하도록 했습니다. 위를 쳐다봐도, 땅을 쳐다봐도, 안방에서도, 화장실에서도 말씀을 보게 했습니다.

수가 성에서 만난 남편 다섯 있는 여인도 흙으로 살았습니다. 평생 동안 흙만 만났습니다. 그러다가 생수이신 예수 그리스도를 만났습니다. 흙이 생수를 만나니까 복음을 전하는 전도자가 되었습니다. 흙은 세상과 연결됩니다. 그러나 이 흙에 하나님의 영, 그리스도의 영인 성령님이 임하면, 생기가 임하면 흙은 세상의 통로가 아니라 하나님의 통로가 됩니다.

십자가의 사건은 흙인 내가 하나님과 하나 되었다는 것을 뜻합니다. 죽으면 흙으로 돌아가는 우리가 영생을 얻었습니다. 하나님의 영이 흙을 지배하고 있기 때문입니다. 사도 바울의 삶이 왜 위대할까요? 어떻게 믿음의 사람들이 순교를 각오하고 복음을 전하러갈 수 있었을까요? 그것은 흙을 뛰어넘는 하나님의 영이 그를 지배했기 때문입니다. 흙은 본질상 먼지이기에 그 자체에는 호흡이나 생명이 없습니다. 무생물체처럼 아무 능력도 없고 힘도 없기 때문에 흙은 그냥 놔두면 죽습니다. 그렇기 때문에 우리 삶의 모든 영역 안에 예수 그리스도의 생수가 흘러가도록, 이 생기가 임하도록 몸부림을 치며 기도해야 합니다.

얼마 전에 부모님과의 관계 때문에 마음이 어려운 분과 이야기를 하게 되었습니다. 그분은 부모님이 제시하는 삶의 기준을 받아들이기를 거부했습니다. 본인은 하나님의 일을 하고 싶은데 부모님이 보기에는 그 일로 밥 먹고 살기 힘들다는 것입니다. 이것 때문에 계속 충돌한다고 했습니다. 그분은 다른 사람을 위해 중보기도 생활도 열심히 하고 있었지만 부모님과의 관계에서는 짜증을 내고, 화를 내고, 분노를 터뜨렸습니다. 저는 그분을 설득하다가 문득 설득하는 것을 멈췄습니다. 하나님이 제게 주시는 메시지라는 생각이 들었습니다. 비록 하나님을 위한 마음이라고 하지만, 흙이 흙을 주장하는 그분의 모습이 나의 모습과 다를 바 없었기 때문입니다.

보라 새 것이 되었도다

그렇습니다. 흙은 흙밖에 모릅니다. 거기서 무슨 선한 것이 나오겠습니까? 이 흙에 예수 그리스도의 생령, 생기가 들어오도록 주장해야 합니다. 내 안에 물 댄 동산 같은 생수의 강이 흘러넘쳐야 흙의 주장을 끊을 수 있고, 우리의 생각과 사고를 지배하고 있는 모든 흙의 가치관을 무너뜨릴 수 있습니다. 우리는 이 일을 위해 기도해야 합니다. 우리를 지배하고 있는 것, 우리 삶을 지배하고 있는 것, 현재 대한민국에 살고 있는 우리의 삶과 가치관을 지배하고 있는 흙의 개념이 무너져 내려야 합니다.

성경은 흙 안에 생기가 들어와서 생령, 살아 있는 영적 존재가 되었다고 합니다. 왜 우리 인간이 갈등하고 고민할까요? 나는 살아 있는 생령, 영적 존재인데, 세상은 나에게 흙으로 살라고 하기 때문입니다. 왜 우리가 상처를 받을까요? 나는 살아 있는 영적 존재인데 자꾸만 흙의 가치관으로 살라고 세상이 강요하기 때문입니다. 왜 부모와 자녀 사이에 안타까운 싸움이 끊임없이 일어날까요? 예수 믿는 자녀들은 그 속에 생수가 가득한데 부모님은 세상의 가치관으로 살라고 하기 때문입니다.

인간의 근본은 흙입니다. 그래서 고독합니다. 인간의 존재는 흙입니다. 그래서 절망합니다. 모든 게 다 이런 문제입니다. 부자나 가난한 자나 모두 죽으면 흙이 됩니다. 그렇다면 인생이 주어진 시간 동안 우리의 삶을 바꿀 누군가를 만나야만 합니다. 여기에 최우선 가치를 두어야 합니다.

예수 믿는 사람들이 전도를 하지 않으면 못 견디는 이유가 이것입니다. 이 복음, 생기, 생수를 전하지 않으면 견딜 수 없는 것입니다. 저도 그렇습니다만, '혹시 나 때문에 누군가가 예수님을 안 믿겠다고 하면 어떻게 하나' 하는 생각에 얼마나 조심스럽게 삽니까? 너무 안타까워하지 마십시오. 하나님이 다 알고 계십니다. 걱정하지 마십시오. 모르고 그렇게 끝나면 문제가 되겠지만, 알고 깨달았다면 성령님이 역사하십니다. 우리 인격으로는 누군가에게 손을 내밀어 '미안하다, 잘못했다'라고 말하기가 무척 힘들지만, 성령님은 그렇게 하십니다. 우리 안에 있는 생기와 생수에는 그런 힘이 있습니다. 우리 안에 내재하신 그리스도의 영, 성령이 새 바람을 일으키고, 생수를 터뜨려서, 온전히 회복되는 축복이 있기를 간절히 원합니다.

"그런즉 누구든지 그리스도 안에 있으면 새로운 피조물이라 이전 것은 지나갔으니 보라 새 것이 되었도다"(고후 5:17).

그렇습니다. 누구든지 그리스도 안에 있으면 새로운 피조물입니다. 이제는 흙이 아닙니다. 새 것이 되었습니다. 우리는 물 댄 동산이요, 생기의 원천입니다. 우리는 지금껏 흙의 존재로 살았습니다. 그 이상도 그 이하도 아닙니다. 우리가 멋지게 치장을 하고, 이런저런 꿈을 위해 살지만 그것도 흙일 뿐입니다.

자신을 아끼십시오. 우리 안에 담겨 있는 모든 것들을 아끼십시오. 과거의 모든 상처와 아픔을 하나님은 선으로 바꾸십니다.

 생명

십자가, 보혈 그리고 새로운 삶

예전에 직장생활을 하던 만 14년 동안 저는 분야가 다른 여러 부서를 옮겨다니며 근무했습니다. 그 당시에는 서운하기도 하고 불쾌하기도 했습니다. 옮겨 다닐 때마다 밀려난다는 생각을 많이 했습니다. 그래서 다른 사람보다 더 나은 평가를 얻으려고 애썼지만 별로 나아진 것은 없었습니다. 참 많이 고독하고 외로웠던 시절이었습니다. 그런데 지금 생각해보면, 그때의 다양한 경험들은 기독교선교방송(CGN TV)의 모든 기초를 세우기 위해서였던 것 같습니다.

다니던 회사를 그만두면서 모아둔 명함을 거의 다 버렸습니다. 하지만 그 중 남겨둔 몇 장의 명함을 통해 연결된 사람들이 기독교선교방송을 하면서 필요한 기술적인 도움을 주었습니다. 예전에는 불편했던 사람들이었다 할지라도 하나님께는 버릴 것이 없습니다.

흙은 더럽고 나쁜 것이 아닙니다. 중요한 것은 무엇과 만나느냐입니다. 내 상처, 실수, 허물, 죄의 습관 등도 기적으로 만드는 영적 재료가 됩니다.

우리는 흙입니다. 그렇다고 좌절할 일은 아닙니다. 교만할 이유도 없고, 열등감을 가질 이유도 없습니다. 어떻게 살더라도 우리는 흙입니다. 흙 자체에는 생명이 없습니다. 영향력도 없습니다. 그런데 흙인 내가 예수님을 만났습니다. 십자가를 만났습니다. 배우자를 통해서든, 친구를 통해서든, 아니면 신앙의 유산으로 인해 내 안에 예수님을 영접했습니다. 십자가가 있습니다. 십자가 사건이 흙인 나를 통해 바람을 일으키고, 생명수를 솟아나게 합니다. 내가 말을 할 때 사람들이 예수님께로 돌아오는 놀라운 일이 일어나기 시작합니다. 사람을 끌어안으면 눈물이 나기 시작합니다.

이것이 은혜입니다. 흙이 흙으로 살지 않고 생명으로 살게 되는 것이 은혜입니다. 그리스도 예수 안에 있으면 흙은 더 이상 흙이 아니라 생명이 됩니다. 하늘나라의 통로가 됩니다. 우리에게 감사가 회복되기를 간절히 원합니다. 예수님을 믿으면서 아픔과 상처만 묵상하며 살지 마십시오. 우리는 흙이기 때문에 견딜 수 없는 아픔이 있고, 자존심이 있고, 한없이 쳐지는 열등감이 있습니다. 그런 우리에게 생수를 주시고, 생명력이 넘치게 하셨습니다. 어찌 감사하지 않을 수 있겠습니까!

"주님, 제게 영생을 주셔서 감사합니다. 저를 물 댄 동산 같게 하심을 감사합니다. 흙인 저를 통하여 이 땅에 생명이 넘치도록 인도하신 것을 감사합니다. 제가 그냥 흙으로 살지 않게 하심을 감사합니다. 저를 통하여 이 생명의 능력이 끊임없이 나타나도록 도와주옵소서"라고 기도하십시오.

흙은 예수 그리스도의 보혈을 만나야 새롭게 될 수 있습니다. 예수 그리스도의 보혈을 통과해야 거룩해질 수 있습니다. 흙은 보혈에 잠겨야 합니다. 흙끼리 부딪히며 인생을 살게 되면 흙장난이 됩니다. 부질없이 다 놔두고 집으로 돌아가야 할 시간만 점점 다가오게 됩니다.

흙으로 말미암아 빚어진 모든 갈등이 다 녹기를 원합니다. 흙은 흙일 뿐입니다. 흙이 그리스도 예수의 보혈을 만나도록 기도하십시오. 우리의 자녀들이 예수님을 만나도록 기도하십시오. 이제껏 흙인 우리 자신이 자녀들을 바꿔보려고 기를 쓰며 살았던 것을 멈추십시오. 그들이 예수 그리스도를 만나도록 기도하십시오.

주님, 우리 각자가 사는 삶의 터전을 축복하옵소서. 자신이 맡은 자리에서 해야 할 일들을 축복하옵소서. 주께서 우리에게 허락하신 기업들을 어떻게 운영해야 할지 깨달아 알게 하시고, 최선을 다해 일할 수 있는 영적인 능력을 허락해 주옵소서.

주님, 열심히 최선을 다해서 살기 원합니다. 역경과 고난을 두려워하지 않고 담대하게 살기를 원합니다. 우리의 결단을 격려해주시고, 만져주시고, 온전케 하옵소서. 특별히 우리가 속한 공동체가 생명의 능력을 나타내는 공동체가 되도록 축복하여 주옵소서.

무릎 꿇는 공동체, 겸손한 공동체, 십자가의 은혜를 끌어안고 나아가는 공동체가 되게 하옵소서. 이론과 논리를 주장하기보다 주님 오시는 그날까지 세움을 받도록 기름 부어 주옵소서.

우리는 주의 자녀들입니다. 주님의 빛 된 자요, 물 댄 동산입니다. 가는 곳마다 새 바람을 일으키게 하옵소서. 긍휼히 여겨 주옵소서. 온전한 회복이 일어나게 하옵소서. 예수님의 이름으로 기도합니다. 아멘.

chapter 06

땅을 유업으로 주신 주님

Life of Jesus

"내가 모세에게 말한 바와 같이 너희 발바닥으로 밟는 곳은 모두 내가 너희에게 주었노니"(수1:3).

앞 장에서 우리는 흙에 대해 살펴보았습니다. 흙은 그 자체로는 아무런 능력이 없습니다. 흙은 먼지요 티끌입니다. 그런데 이 흙이 생수를 만나면 물 댄 동산이 됩니다. 이 흙에 생기가 들어가면 영적 존재, 생령이 됩니다. 흙은 무엇을 만나느냐에 따라 가치가 달라집니다.

사람은 흙으로 지어졌습니다. 그래서 죽으면 흙으로 돌아갑니다. 이렇게 티끌같이 무의미하고 무가치한 존재에 성령이 임하시면 살아 있는 영적 존재, 생령이 되고, 성령의 사람이 됩니다. 무가치한 흙에 생수가 임하면 물 댄 동산이 됩니다. 그곳에서 많은 열매가 열립니다. 이렇듯 사람은 누구를 만나고, 어디에 있느냐가 중요합니다. 그리스도 예수를 만나면 성령의 사람이 되고, 모든 만물이 다시 부활하는 생명의 능력을 소유하게 됩니다.

하나님은 그분의 백성들에게 세 가지 약속을 해주셨습니다.

축복의 자녀를 약속하신 하나님

"내가 네게 큰 복을 주고 네 씨가 크게 번성하여 하늘의 별

과 같고 바닷가의 모래와 같게 하리니…"(창 22:17).

첫째는 자손입니다. 하나님은 하늘의 별보다, 바다의 모래보다 더 많은 후손을 주겠다고 약속하셨습니다. 그냥 자식을 많이 낳으라는 이야기가 아닙니다. 그 후손 하나하나가 열방을 세우고, 열방에 하나님의 영광을 나타내는 대표적인 존재가 된다는 약속입니다. 단순히 사람의 숫자가 많아진다는 것이 아니라 영향력을 나타낼 수 있는 하나님의 사람들이 된다는 약속입니다. 이것이 하나님이 주신 자손의 약속입니다.

제가 아는 어떤 분은, 친가와 외가를 합해 박사만 서른 명이 있다고 합니다. 선교사 한 분을 통해서 그분의 할머니의 할머니가 예수님을 영접했고, 그 할머니 때문에 할아버지가

예수님을 영접했습니다. 그 할아버지가 워낙 엄해서 예수님을 안 믿으면 족보에서 뺀다고 하여 자손들이 다 예수님을 믿었다고 합니다. 그렇게 4대가 지나고 나니 후손 중에 박사가 서른 명이나 된 것입니다. '꼭 집안에 박사가 있어야 축복을 받았다고 할 수 있다'는 말이 아닙니다. 하나님은 반드시 그분의 약속을 자손들을 통해 지키신다는 것을 믿으시기 바랍니다.

우리의 모든 후손에게 세대와 세대를 거치는 이 엄청난 약속이 있기를 간절히 원합니다. 부모보다 자녀가 나을 것이요, 또 그 자녀보다 그들의 자녀가 더 나을 것입니다. 우리 자손들이 우리 수준만큼 산다고 한다면 이 땅은 그 수준에서 성장을 멈출 것입니다. 그러니 너무 자기 수준으로 자녀들을 가르치지 마시고 자녀를 믿어주십시오.

땅을 유업으로 주겠다고 약속하신 하나님

둘째는 땅입니다. 흙이 영역을 갖기 시작할 때 땅이 됩니다.

"내가 모세에게 말한 바와 같이 너희 발바닥으로 밟는 곳은 모두 내가 너희에게 주었노니 곧 광야와 이 레바논에서부터 큰 강 곧 유브라데 강까지 헷 족속의 온 땅과 또 해 지는 쪽 대해까지 너희의 영토가 되리라 네 평생에 너를 능히 대적할 자가 없으리니 내가 모세와 함께 있었던 것같이 너와 함께 있을 것임이니라 내가 너를 떠나지 아니하며 버리지 아니하리니 강하고 담대하라 너는 내가 그들의 조상에게 맹세하여 그들에게 주리라 한 땅을 이 백성에게 차지하게 하리라"(수 1:3-6).

하나님은 "내가 이 땅을 유업으로 주리라"고 말씀하셨습니다. 땅이라는 것은 소유권과 관계가 있습니다. 땅은 경계로 구분되는데, 하나님이 "이 경계 안에 있는 것이 네 것이다"라고 인정해주시는 것입니다.

창세기 11장에 보면 인간들이 바벨탑을 쌓는 장면이 나옵니다. 바벨탑을 쌓을 때 온 땅의 구음, 소리, 언어가 하나였습니다. 이 말은 모든 사람들이 함께 살아도 아무런 갈등이 없고 문제가 없었다는 뜻입니다. 그런데 사람들이 '우리가 올라가서 하나님이 어디 있는지 한번 확인해보자. 우리도 하나님의 위치에 서 보자'라는 생각으로 바벨탑을 쌓았습니다. 하나님이 보셨을 때 얼마나 한심하셨겠습니까? 그래서 하나님이 언어를 나누셨습니다.

인간이 바벨탑을 쌓을 때 하나님은 그 탑을 허물지 않으셨습니다. 그냥 언어를 다르게 하셨습니다. 중심을 흔드신 것입니다. 그랬더니 사람들이 같이 살지 못하고 온 땅으로 흩어졌습니다.

하나님이 주신 축복의 땅, 언약의 땅에서 인간이 살지 못하는 이유가 무엇일까요? 하나님을 대적하기 때문입니다. 다툼 때문입니다. 하나님을 아는 지식이 부족하기 때문입니다. 우리는 하나님이 우리에게 주신 언약이 하나님을 대적하는 바벨탑이 되지 않도록 목숨을 걸고 기도해야 합니다.

인간에게는 땅에서 쫓겨난 상처가 있습니다. 아담과 하와가 죄를 짓고 하나님과 함께 거했던 축복의 땅 에덴 동산에서 쫓겨났습니다. 그래서 인간에게 땅이란 쫓겨남, 거절, 다툼, 상처, 분쟁 등의 상처가 있는 곳입니다. 이런 이유로 인간은 땅을 빼앗고 지켜야 할 대상이라고 여깁니다. 그러나 하나님의 생각은 어떻습니까? 땅이란 흙에 언약의 경계를 더한 것입니다. 왜 그렇게 하셨을까요? 구별하셨다는 것입니다. 당신의 나라를 주셨다는 것입니다. "그 어떤 사람도, 그 어떤 세력도 이 땅은 침범하지 못한다. 이 땅은 절대 빼앗을 수 없다"라는 약속입니다. "너는 내 백성이 되고, 나는 네 통치자가 되어 함께 이 땅을 다스리겠다"라는 약속입니다.

땅은 단순히 물리적인 구획이 아니라 하나님의 약속이요, 임재요, 영광이요, 충만하신 능력입니다. 하나님의 나라입니다. 하나님이 주신 기업은 우리 개인의 소유가 아니라 하나님의 영광의 증거들입니다. 그래서 우리는 최선을 다해 기업을 잘 관리해야 합니다. 하나님이 우리에게 위임해주셨기 때문입니다. 하나님이 우리에게 주신 이 '땅'이라는 기업에 하나님의 능력, 하나님의 영광, 하나님의 성품이 드러나도록 하는 것이 우리의 우선순위가 되어야 합니다.

문제는 땅의 세력들과 충돌하는 것입니다. 세상적인 방법으로 하면 반드시 충돌이 일어나고, 세상이 거부하기 시작합니다. 그래서 더 어려움을 겪습니다. 하지만 놀라운 사실은, 하나님은 이 땅에 대한 언약을 통해서 하나님이 세우신 기업은 하나님의 방법대로 하면 절대 망하지 않는다는 것을 제시하십니다. 우리 모두 하나님이 주신 축복들을 계속해서 확장해나갈 수 있기를 간절히 원합니다.

믿음의 눈으로 보는 약속의 땅

하나님이 땅을 주실 때 몇 가지 원칙이 있습니다.

첫째, 하나님은 땅을 구체적으로 지정해주십니다. 아브라함과 모세에게 그러셨습니다. 하나님의 약속은 아브라함과 모세에게 동일했습니다.

창세기 15장에 보면 하나님이 아브라함에게 주신 땅의 구획이 나옵니다.

"그 날에 여호와께서 아브람과 더불어 언약을 세워 이르시되 내가 이 땅을 애굽 강에서부터 그 큰 강 유브라데까지 네 자손에게 주노니 곧 겐 족속과 그니스 족속과 갓몬 족속과 헷 족속과 브리스 족속과 르바 족속과 아모리 족속과 가나안 족속과 기르가스 족속과 여부스 족속의 땅이니라 하셨더라"(창 15:18-21).

이곳은 지중해 연안으로 현재 팔레스타인 지역입니다. 하나님은 정확하게 땅을 알려주셨습니다. 이 약속을 모세에게도 동일하게 하십니다.

"우리 하나님 여호와께서 호렙 산에서 우리에게 말씀하여 이르시기를 너희가 이 산에 거주한 지 오래니 방향을 돌려 행진하여 아모리 족속의 산지로 가고 그 근방 곳곳으로 가고 아라바와 산지와 평지와 네겝과 해변과 가나안 족속의 땅과 레바논과 큰 강 유브라데까지 가라 내가 너희의 조상 아브라함과 이삭과 야곱에게 맹세하여 그들과 그들의 후손에게 주리라 한 땅이 너희 앞에 있으니 들어가서 그 땅을 차지할지니라"(신 1:6-8).

사실, 하나님이 주신 이 약속의 땅과 현재 이스라엘은 조금 차이가 있습니다. 지금이 더 작습니다. 그래서 이 말씀을 믿고 이스라엘이 지경을 확장하려고 온갖 노력을 기울이는지 모르겠습니다. 어쨌든, 하나님의 약속은 시대와 장소에 구애받지 않습니다. 아브라함에게 주어진 약속은 동일하게 모세에게도 주어졌습니다. 하나님이 우리 믿음의 조상에게 주신 약속이 오늘 우리와 우리 자손에게 주신 약속과 동일합니다. 하나님의 약속은 바뀌지 않습니다. 그 약속을 받아들이는 우리 삶과 우리 신앙의 결정의 문제입니다. 하나님은 동일하십니다.

둘째, 하나님은 땅을 주실 때 미리 보여주십니다. 이스라엘 백성들이 약속의 땅에 들어가기 전에 모세는 각 지파별로 정탐꾼을 뽑아 약속의 땅을 살피게 했습니다. 민수기 13장에 이 일이 자세하게 기록되어 있습니다. 결과적으로 열두 명의 정탐꾼 중에서 열 명은 "우리는 가면 다 죽는다"라고 했고, 여호수아와 갈렙만 믿음으로 "가자"라고 했습니다. 결국 그들은 광야로 나가고 말았습니다.

하나님은 구획을 정하신 뒤에 그 땅을 항상 우리에게 미리 보여주십니다. 보여주신다는 것은 굉장히 중요합니다. 하나님은 우리 기업들에게도 끊임없이 보여주십니다. 자기 생각과 역량만큼만 하려고 하지 마십시오. 자녀를 보면서 '너는 이 정도만 해라'라고 한정하지 마십시오. 하나님이 그 인생을 향하여 어떤 땅을 보여주실지 우리는 알 수 없습니다. 하나님이 우리 자녀들을 향해 계획하신 것이 있습니다. 우리는 그것을 알 수 없습니다. 하나님은 반드시 우리에게 주실 땅, 우리가 회복해야 할 땅을 보여주실 것입니다.

하나님이 주신 땅을 얻는 비결이 있습니다.

첫째, 밟는 것입니다. 하나님이 약속해주신 땅, 구획을 정리해주신 땅, 미리 보여주신 땅을 얻는 비결이 여호수아 1장에 기록되어 있습니다. 발바닥으로 밟는 것입니다. 이것은 '이미 확정된 대로 이것은 내 것이다'라는 선포입니다. 아웃리치를 갈 때 '땅밟기'라는 것을 합니다. 그것 역시 하나님이 보여주신 땅을 내 것으로 확정하는 것입니다. 무조건 남의 땅에 가서 발로 밟으면서 자기 땅이라고 우기라는 소리가 아닙니다. 하나님이 우리에게 보여주시는 땅은 희한하게 마음이 자꾸 갑니다. 우리는 그것을 믿음으로 이뤄나가야 합니다. 담대하게 나가야 합니다. 발바닥으로 그 땅을 밟으며 믿음으로 선점해야 합니다.

하나님은 다윗에게 예루살렘을 지으려는 마음을 주셨고, 솔로몬에게 그 성전을 짓게 하셨습니다. 그 성전을 누가 설계하셨을까요? 하나님이 하셨습니다. 이미 하나님께 모든 그림이 다 있었습니다. 현재 그 땅은 가나안 족속이 자신의 것이라 주장하고 있지만 하나님은 이미 그 땅을 이스라엘 백성들에게 주셨습니다. 하나님이 인정하지 않으시면 그 땅은 그들의 것이 아닙니다.

둘째, 강하고 담대해져야 합니다. '강하다'는 것은 어떤 위협과 고난도 뚫고나가는 외적인 힘을 말합니다. 여리고 성이든, 헤브론이든, 어떤 산지든 상관없이 뚫고나가는 힘을 이야기합니다. '담대하다'는 것은 어떤 고난과 역경도 견뎌낼 수 있는 내적인 힘을 이야기합니다. 모든 성도에게는 이 능력이 있어야 합니다. 어떤 고난과 역경도 뚫고나갈 수 있는 용기, 담대함, 위기 앞에서도 흔들리지 않는 신실함이 있어야 합니다.

하나님은 여호수아와 함께 작전 회의를 하지 않으셨습니다. 그저 여호수아를 불러다가 "가서 밟아라. 강하고 담대하라"는 이 두 가지만 요구하셨습니다. 이것이 있다면 하나님이 주신 약속의 땅을 내 것으로 만들 수 있습니다. 하나님의 땅을 내 손으로 찾아야 합니다. 대가를 치러야 하거나 분쟁에 휘말리기 싫어서 도망치지 마십시오.

그러면 어떻게 하나님의 땅을 내 손으로 찾을 수 있을까요?

먼저 내 발로 밟는 수고와 노력이 있어야 합니다. 믿음의 태도가 있어야 합니다. 그리고 그 땅을 밟고 선포해야 합니다. 무작정 "내 것"이라고 할 것이 아니라 "하나님, 이 땅은 당신의 땅입니다. 비록 이 땅이 지금 이렇게 쓸모없는 땅, 세상의 탐욕과 욕심의 땅이 되어 버리고 말았지만, 반드시 하나님의 언약이 이 땅 가운데 그 영광을 나타낼 줄 믿습니다"라고 하십시오. "하나님, 임재하여 주옵소서. 잡초만 무성한 땅, 황량한 땅, 그저 산술적인 숫자로 재산적 가치만 가지고 있는 땅, 그 때문에 사람들이 욕심과 분쟁으로 망가지는 땅, 이 땅에 거룩한 나라가 임하기를 원합니다"라고 기도하십시오.

내가 너와 함께하리라

하나님이 그분의 백성에게 주신 세 가지 약속 가운데 두 가지는 이미 살펴보았습니다. 첫째는 자손이고, 둘째는 땅입

 생명

니다. 그리고 셋째는 하나님의 임재입니다. 하나님의 임재
는 "이 자손과 땅의 주인이 되고 통치하겠다"는 것입니다.

우리는 하나님이 주신 약속의 땅을 어떻게 확신할 수 있을
까요?

"네 평생에 너를 능히 대적할 자가 없으리니 내가 모세와 함
께 있었던 것같이 너와 함께 있을 것임이니라 내가 너를 떠
나지 아니하며 버리지 아니하리니"(수 1:5).

하나님이 함께하십니다. 우리가 이 땅을 위해 기도하기 시
작할 때 하나님이 함께하실 것입니다.

"여호와는 내 편이시라 내가 두려워하지 아니하리니 사람
이 내게 어찌할까 여호와께서 내 편이 되사 나를 돕는 자들
중에 계시니 그러므로 나를 미워하는 자들에게 보응하시는
것을 내가 보리로다"(시 118:6-7).

걱정하지 마십시오. 하나님이 함께하십니다. 이 땅을 반드시 얻을 것입니다. 흙은 놔두면 그냥 먼지일 뿐입니다. 그 흙에 생기가 들어가서 생명이 되고, 생수가 들어가서 물 댄 동산이 되고, 여기에 하나님의 언약의 구획이 결정되면 하나님이 택하신 백성들이 그곳에서 하나님의 영광을 찬양하며 살 것입니다. 이 땅에는 회복이 있고, 희망이 나타날 것입니다. 이 땅은 재산으로서의 가치만 있는 것이 아닙니다. 이 땅을 통해 하나님의 영광이 나타나고, 세상을 구원하는 통로가 될 것입니다. 이 땅이 기업이요, 이 기업이 우리에게 주신 하나님의 언약의 구체적인 증거입니다. 담대히 믿음으로 나아가 이 땅이 하나님의 땅임을 밝히고, 강하고 담대하게 믿음의 반응을 보이십시오. 그러면 하나님이 놀라실 것입니다.

우리는 최첨단 과학 시대에 살고 있습니다. 모든 인간의 의식을 논리와 합리적인 이유, 경험의 법칙들이 지배하고 있습니다. 이런 시대에 우리는 강하고 담대하게 믿음으로 나아가야 합니다. 대안이 없습니다. 세상은 우리에게 무모하다고

 생명

할 수 있습니다. 그러나 계산적이고 과학적으로 했다면 어떻게 홍해와 요단 강을 건넜겠습니까? 하나님의 말씀을 따라가십시오. 믿음의 사람들은 말씀을 붙잡고 삽니다. 그러면 그 삶에 기적이 일어납니다. 물론 치러야 할 대가는 있습니다. 그러나 그 대가가 있기에 '하나님이 나를 쓰신다'는 믿음의 확신도 생기는 것입니다.

강하고 담대하십시오. 하나님의 성품을 소유하십시오. 그분의 능력을 의지하십시오. 우리는 무엇을 어떻게 해야 할지 모릅니다. 당황합니다. 그래서 "그게 현실적으로 가능한가?"라고 묻습니다. 불가능해 보이기 때문에 이 약속과 믿음을 현실과 분리시키려고 합니다. 그러나 하나님의 약속은 반드시 이루어집니다.

"하나님, 비록 티끌과 흙과 먼지일 뿐이지만 여기에 하나님의 생기가 임하고 생수가 임하여 주님께서 약속하신 구획, 그 영역이 오늘 제 것이 되기를 원합니다. 헛된 것들을 좇는 것이 아니라 하나님의 약속을 믿고 강하고 담대하게 나아가 그 땅을 밟는 수고를 하게 하옵소서"라고 기도할 수 있기를 바랍니다. 하나님은 100퍼센트를 원하십니다. 99퍼센트 헌신해서는 기적이 나타나지 않습니다. 우리에게는 하나님의 언약이 있습니다. 하나님이 우리와 함께하십니다. 하나님이 우리에게 주신 기업과 가정과 일터를 위해 담대히 기도할 수 있기를 바랍니다.

주님이 우리에게 주신 약속을 하나도 놓지 않게 하옵소서. 환경과 상황의 두려움으로 인하여 물러서지 않게 하옵소서. 담대함으로 나아가게 하옵소서.

우리에게 허락하신 이 기업들을 주님의 손에 의탁합니다. 오 주님, 언약을 회복하게 도와주옵소서. 우리에게 주신 이 기업들을 회복하소서.

강하고 담대하게 믿음으로 나아가 선포하기를 원하시는 주님, 한 심령 한 심령의 고백을 통해 약속의 땅들이 회복되게 하옵소서. 잃어버린 것, 놓친 것들을 다시 회복하게 하옵소서.

그곳을 점령하고 있는 저 두렵고 떨리는 가나안 족속들, 아낙 자손들, 그 어둠의 세력들을 담대하게 쫓아내고 하나님의 약속, 영광, 생명이 회복되도록 축복하옵소서. 예수님의 이름으로 기도합니다. 아멘.

chapter 07

생명의 **바람**을 주시는 주님

Life of Jesus

"모세가 바다 위로 손을 내밀매 여호와께서 큰 동풍이
밤새도록 바닷물을 물러가게 하시니 물이 갈라져 바다
가 마른 땅이 된지라"(출 14:21).

일상의 문제와 상황을 놓고 기도하면, 하나님이 그것을 어떻게 여시고 풀어주는지 체험할 수 있습니다. 기적은 어느 날 갑자기 없던 것이 생기는 것이 아니라, 일상의 삶 가운데에서 끊임없이 하나님과 만나는 이런 접촉점을 통해 하나님을 발견하는 것입니다.

광야에 부는 바람

바람이나 공기를 생각하면 어떤 느낌이 드십니까? '바람'은 헛된 것, 소용없는 것, 필요 없는 것 등을 의미하는 단어로 많이 사용됩니다. 하지만 성경에서 바람은 생기, 성령의 능력을 말합니다. 모든 메마른 것을 다시 회복시키는 생명, 하나님의 능력의 도구 등을 표현할 때 바람이라는 단어를 사용합니다.

"바람이 여호와에게서 나와 바다에서부터 메추라기를 몰아 진영 곁 이쪽 저쪽 곧 진영 사방으로 각기 하룻길 되는 지면 위 두 규빗쯤에 내리게 한지라 백성이 일어나 그 날 종일

종야와 그 이튿날 종일토록 메추라기를 모으니 적게 모은
자도 열 호멜이라 그들이 자기들을 위하여 진영 사면에 펴
두었더라"(민 11:31-32).

첫째, 바람은 우리의 필요를 채워줍니다. 민수기 11장 31절
은 "바람이 여호와에게서 나와"라고 말씀합니다. 그 바람이
바다에서부터 메추라기를 몰아 이스라엘의 진영 사방에 내
리게 했습니다.

광야생활을 하던 이스라엘 백성들은 만나를 먹으며 지냈
습니다. 처음에는 만나로 만족했습니다. 그러나 점점 시간이
흐를수록 이들의 마음은 불편해졌습니다. 고기가 먹고 싶었
습니다. 만나로는 허기를 채울 수가 없었습니다. 이들은 만
나로 만족하지 못해서 배가 고팠습니다. 그래서 애굽에서의
노예생활을 회상했습니다. 애굽에서는 비록 노예로 살았고,
자유도 없었지만 원하는 것은 먹을 수 있었다는 것입니다. 그
런데 광야는 달랐습니다. 아무리 먹고 싶어도 그들의 힘으로

는 어쩔 수 없었습니다. 이것이 그들의 허기였습니다.

만나가 무엇입니까? 하나님이 이스라엘 백성에게 주신 하늘의 양식이었습니다. 그들이 할 일은 아무것도 없었습니다. 매일 아침, 밖으로 나가 거두기만 하면 되었습니다. 그렇게 40년을 먹었지만 영양 부족으로 고생한 적도, 먹을 것이 부족해 굶어 죽은 적도 없었습니다. 하나님은 이스라엘을 직접 먹이셨습니다. 그러나 이스라엘은 만족하지 못했습니다.

그들은 하나님의 생명의 떡을 먹으면서도 만족하지 못했습니다. 우리가 생명의 말씀을 대하고, 말씀 가운데 은혜를 받고, 기적을 체험해도 뭔가를 갈망하는 이유는 우리의 욕망이 잠재워지지 않았기 때문입니다. 이스라엘 백성들의 문제도 바로 이런 것이었습니다. 그래서 그들은 여호와 하나님을 원망했습니다. "왜 우리를 광야로 이끌어 내서 배고프게 하느냐?"는 것입니다. "애굽에 있었으면 파, 마늘, 온갖 향료, 고기 등을 맘대로 먹을 수 있었을 텐데 왜 이 광야에서 만나만 주워 먹으라고 하느냐?"는 것입니다. 다시 말하면, "내 의지와 노력으로 내가 소망하는 것을 얻으며 살고 싶은데, 왜 당신이 정한 대로 해야 하느냐?"는 것입니다.

이런 불평을 들으시고 하나님은 바람을 통해 메추라기를 보내셨습니다. 만나와 메추라기는 똑같이 하나님이 주신 음식이지만 큰 차이가 있습니다. 만나는 전적으로 하나님이 은혜로 주신 음식이지만, 메추라기는 인간의 불평으로 만들어진 음식이었습니다. 그래서 만나를 먹으면 살았지만 메추라기를 먹으면 죽었습니다.

이것은 공급의 두 가지 원리가 있다는 사실을 말해줍니다. 하나는 전적으로 하나님의 은혜로 공급되는 것이고, 다른 하나는 하나님의 은혜를 거부하고 인간의 노력으로 공급되는 것입니다. 예레미야서 2장에 보면, 하나님이 이스라엘 백성들의 두 가지 죄를 지적하십니다. 생수의 근원이신 하나님을 의지하지 않은 것과 물을 가두지 못할 터진 웅덩이를 스스로 판 것입니다. 이것은 얼핏 보면 같은 말 같기도 합니다만, 분명한 것은 하나님은 그분을 인정하지 않는 삶의 태도를 강하게 지적하신다는 것입니다.

하나님을 인정하고 하나님을 가까이 하는 것을 거룩이라고 합니다. 마더 테레사는 인도의 빈민굴에서 "하나님이 여기 계신다"라고 했습니다. 깡패들에게 입이 찢기고, 열 살만 되어도 사창가에 팔려나가는 그 비참한 삶의 현장에서 마더 테레사는 하나님을 놓지 않았습니다.

하나님이 함께하시면 아무리 지옥같은 삶의 현장이라 해도 거룩은 존재합니다. 모두가 비참한 현실에서 달아나려 할 때 그녀는 그곳에 하나님이 계신 것을 보았습니다. 그래서 그곳에 머물러 그들의 삶을 자신의 삶으로 받아들인 것입니다. 거룩은 하나님을 인정하고 가까이 하는 삶이기 때문입니다.

인간의 바람, 하나님의 바람

하나님을 멀리하고 자기 욕심만 부리는 이스라엘 백성이었지만, 하나님은 결코 그들의 불평을 외면하지 않으셨습니다. 하나님은 바람으로 메추라기를 몰아다 주셨습니다. 그

것은 인간적인 욕망에서 비롯된 것이었지만 하나님은 바람을 이용해서 능력을 나타내셨습니다. 문제는 메추라기의 양이었습니다. 진 사면에 까맣게 메추라기가 떨어졌습니다. 적게 거둔 자도 10호멜을 거두었다고 했습니다. 1호멜이 당나귀 한 마리가 질 수 있는 양이었으니 메추라기만 일 년 내내 먹어도 될 정도였던 것 같습니다. 마치 하나님이 "그래, 너희들 한번 배터지게 먹어봐라" 하고 보내신 것 같습니다.

우리는 여기서 하나님이 인간의 욕망을 어떻게 다루시는지를 봐야 합니다. 하나님은 인간의 욕망을 그대로 허락하십니다. 이것이 악이요 심판입니다. 다시 말하면, 인간이 자기 생각과 의지대로 하도록 하나님이 그냥 내버려두시는 것은 심판이요, 그것을 하지 못하도록 막아주시는 것이 은혜입니다. 은혜가 무엇입니까? 내 맘대로 하다가 떠내려가는 나를 예수님이 온 몸을 던져 막으신 것이 은혜입니다. 악을 막아주신 그 상태에서 '하나님이 나를 사랑하시는구나' 하고 깨닫는 것이 은혜입니다.

하나님은 우리의 필요를 채우십니다. 우리는 살기 위해 공급받아야 할 것이 너무 많습니다. 건강, 물질, 자녀 양육, 교육 등의 문제부터 매일 소소한 일상까지 해결해야 할 것들이 얼마나 많습니까? 하나님은 이 모든 필요를 채워주십니다. 그것을 어떻게 얻느냐 하는 것이 문제입니다. 앞서 보았듯이, 하나님은 인간의 의지와 욕망으로 구한 것도 허락하십니다. 그러면 이 메추라기를 먹을 때의 영적 태도는 어떠해야 할까요? 비록 내 욕심에서 시작했다 할지라도 하나님이 바람을 보내셔서 메추라기가 떨어지는 순간, 그분의 경외로움 앞에 무릎을 꿇어야 하지 않겠습니까? 그분의 자비와 인자하심과 언약을 이루시는 신실하심에 감사드려야 하지 않겠습니까? 그러면 문제가 해결됩니다. 하나님의 자비를 구하면 됩니다. 우리는 완전하지 않습니다. 아무리 영적으로 성숙한 사람이라도 하나님 앞에서 무엇을 내세울 수 있겠습니까? 우리의 선택은 늘 불완전하고, 우리의 삶은 늘 불안하지 않습니까?

그렇습니다. 우리는 하나님을 인정하고, 자신을 인정해야 합니다. 이스라엘 백성들이 메추라기를 먹고 죽었던 이유가 무엇입니까? 잔치를 벌였기 때문입니다. "신난다. 우리는 메추라기 부자다. 봐라 우리가 이렇게 난리를 치니까, 하나님이 두 손 들고 고기를 보내주신 것 아니냐?"라는 오판 때문에 죽은 것입니다.

우리가 노력한 만큼 얻는 것은 당연한 일입니다. 수고하면 수고한 만큼 열매를 얻습니다. 분배의 불균형이 문제지, 노동한 만큼 얻는 것은 마땅한 일입니다. 그럴 때 여러분은 그것을 허락하신 하나님을 인정하십니까? 그 열매를 주신 하나님께 감사드리십니까? 바람으로 필요를 채우시는 하나님 앞에 예배를 드리십니까? 바람은 도구요 시스템일 뿐입니다. 우리가 먹는 것은 메추라기지만 실상은 '그럼에도 불구하고 우리를 지키시고 인도하며 공급해주시는 하나님의 사랑'을 먹는 것입니다. 하나님을 인정하십시오. 하나님이 우리 삶의 모든 것을 공급하시는 분임을 믿음으로 고백하십시오. 이런 영적 태도가 중요합니다.

홍해에 부는 생명의 바람

"모세가 바다 위로 손을 내밀매 여호와께서 큰 동풍이 밤새
도록 바닷물을 물러가게 하시니 물이 갈라져 바다가 마른
땅이 된지라"(출 14:21).

이 말씀에도 하나님께로부터 나오는 바람, 큰 동풍이 기록
되어 있습니다. 이스라엘 백성들은 홍해 앞바다에 진을 치
고 있었습니다. 그런데 애굽의 군대가 쫓아오기 시작했습
니다. 앞에는 바다요, 양쪽에는 높은 산이요, 뒤에는 애굽의
군대가 왔습니다. 물러서거나 도망칠 수도 없는 상황이었습
니다.

이 때 하나님의 동풍이 불었습니다. 대륙에서 바다로 부는
바람이었습니다. 산을 타고 넘어온 사막의 뜨거운 바람이 불
기 시작하자 바다가 쩍 갈라지기 시작했습니다. 그리고 바다
한가운데 길이 생겼습니다. 바람이 불기 전에는 죽음의 기운

이 가득한 홍해였습니다. 집어 삼킬 듯 시커먼 바닷물이 넘실대는 것을 보며 이스라엘은 공포에 떨었을 것입니다. 하지만 그곳에 하나님의 바람이 불자 생명의 길이 열렸습니다. 이 바람은 생명의 바람이었습니다.

우리 인생길도 마찬가지입니다. 우리가 사망의 길을 지나 어떻게 생명의 길로 갈 수 있을까요? 하나님의 바람이 불어야 합니다. 이스라엘 백성들은 바닷길을 가며 좌우에 생긴 물 벽을 보았을 것입니다. 바람소리를 들었을 것입니다. 물소리도 들었을 것입니다. 사망의 길이 생명의 길로 바뀐 그 사건 앞에서 이스라엘 백성들이 얼마나 놀랐겠습니까? 그 길을 지나며 하나님을 경외하지 않은 사람이 있었겠습니까? 그들의 뒤를 쫓던 애굽의 군대가 바다에 빠져 죽었을 때 그들의 두려움은 찬양으로 바뀌어 홍해를 뒤덮었을 것입니다. 출애굽기 15장에 모세의 노래와 소고를 치며 부른 미리암의 찬양이 나옵니다.

"미리암이 그들에게 화답하여 이르되 너희는 여호와를 찬송하라 그는 높고 영화로우심이요 말과 그 탄 자를 바다에 던지셨음이로다 하였더라"(출 15:21).

동풍이 사망의 길을 생명의 길로 바꾸었지만 사실 동풍은 인간의 삶을 망가뜨리는 바람입니다. 이 동풍을 맞으면 섭씨 90도까지 올라간다고 합니다. 무엇이든지 타 죽을 만한 바람입니다. 하지만 이 바람도 하나님의 손에 있으면 생명의 바람이 됩니다.

우리 인생에서 마치 죽을 것 같은 바람을 맞고 있어도 하나님의 손에 붙잡히면 생명의 길이 된다는 것을 기억하시기를 바랍니다.

공급하시는 하나님

창세기 8장 말씀은 대홍수 때의 상황을 알려줍니다.

"하나님이 노아와 그와 함께 방주에 있는 모든 들짐승과 가
축을 기억하사 하나님이 바람을 땅 위에 불게 하시매 물이
줄어들었고"(창 8:1).

온 땅이 물에 잠겼고, 모든 인류는 다 죽었습니다. 시체만
떠다니는 바다에 하나님이 바람을 불게 하시니까 물이 줄어
들기 시작했습니다. 우리의 삶이 어떤 것으로 잠겨 있다 할
지라도 두려워하지 마십시오. 이 바람이 불어오면 모든 상황
과 문제와 환경들이 사라질 것입니다! 이 바람이 불어야 합
니다. 우리 삶에 이 바람이 불어오면 모든 문제가 사라지고
희망과 생명이 드러나게 됩니다.

열왕기상 18장에 보면 엘리야의 기도가 나옵니다. 이스라
엘 땅에 3년 동안 기근이 있었습니다. 자녀를 잡아먹을 만큼
극심한 기근이었습니다. 그때 엘리야가 하나님 앞에 기도했
습니다. 그러자 작은 조각구름이 생겼습니다. 그리고 구름
과 바람이 '일어나서' 큰 비가 내리기 시작했습니다.

"조금 후에 구름과 바람이 일어나서 하늘이 캄캄해지며 큰 비가 내리는지라…"(왕상 18:45).

여기서 '일어나서'라는 단어는 '여호와께로 나왔다'라는 단어의 의미와 같게 쓰입니다. 즉 하나님이 바람을 불러모으자, 그 바람이 몰려오면서 대기 중에 있는 모든 수증기를 다 빨아 온 것입니다. 바람이 수증기를 모아서 큰 비가 된 것입니다.

아무리 바싹 마른 인생이라 할지라도, 바람이 온 사방의 수분을 끌어오면 큰 비를 만날 수 있습니다. 이것이 하나님의 공급 원리입니다. 동풍같이 뜨겁고 건조한 바람도 있지만, 수분을 집중시켜 메마른 대지 위에 은혜의 단비를 몰고 오는 바람도 있습니다. 기억하십시오. 우리가 원망과 시비로 가득한 채로 하나님 앞에 나아갈지라도 하나님은 반드시 응답하십니다. 저는 이런 하나님의 성품을 묵상할 때마다 자녀를 향한 부모의 마음이 아닐까 생각합니다. 좋지 않은 결과가 있을 줄 알면서도 자녀가 너무 간절하게 원하면, 마음은 불편하지만 어쩔 수 없이 허락하지 않습니까? 철이 들어 자녀들이 그런 부모의 마음을 알게 되면 정말 그 사랑에 감동하지 않습니까?

하나님은 바람을 통해 공급하십니다. 욕심으로 구하는 줄 알면서도 주시고, 사망의 길을 생명의 길로 만드십니다. 아무것도 보이지 않고 절망과 죽음과 같은 상태일지라도, 홍해를 앞에 두고 절망하는 백성들에게 동풍으로 길을 만드신 것처럼, 답답하게 막혀 있는 우리 인생의 길을 열어주십니다. 하나님은 이 바람을 통해 우리 인생을 덮고 있는 모든 삶의 위기 문제들을 다 감해주십니다. 이것이 하나님이 우리에게 바람을 통해 주시는 은혜입니다.

이 바람이 우리의 삶에 불기를 바랍니다. 죽음의 상황에 이 바람이 불기를 바랍니다. 숨조차 쉴 수 없는 답답한 영혼에 은혜의 바람이 불기를 바랍니다. 이 모양, 저 모양으로 그 생명의 능력을 공급하시는 하나님을 만나시기를 바랍니다. 하나님은 비록 우리가 우리 욕망과 욕심으로 구한다 할지라도 응답하시고, 우리로 깨닫게 하시며, 하나님의 언약 백성이 어떻게 살아야 하는지를 가르치며 보여주십니다. 이 바람이, 우리 모두의 삶 가운데 있기를 바랍니다.

하나님을 신뢰하라

마태복음 8장과 누가복음 8장에 보면, 제자들이 바다를 건널 때 큰 폭풍을 만납니다. 제자들은 살기 위해 애를 쓰는데 예수님은 주무시고 계셨습니다. 제자들은 "우리가 죽게 되었습니다"라며 예수님을 황급히 깨웠습니다. 그때 예수님은 "믿음이 적은 자들아! 너희들이 어찌하여 두려워하느냐"라고 제자들에게 말씀하셨습니다. 그리고 바람과 바다를 꾸짖으셨습니다. "잠잠하라"고 선포하셨습니다. 그 순간 모든 풍랑은 사라지고 바다는 잠잠해졌습니다.

어떤 위협도 두려워하지 마십시오. 이 바람과 풍랑은 우리의 삶을 공격하는 헛된 바람이고 거짓의 바람입니다. 예수님은 이 바람을 꾸짖으셨습니다. 예수님은 이 헛된 바람을 잠재우시고 생명으로 인생들을 감싸주셨습니다. 소망을 주셨습니다. 이런 말씀을 들어도 답답하십니까? 말씀과 현실은 다르다고 생각하십니까? 하나님은 부자일지 몰라도 나는 여전히 가난하다고 생각하십니까? 하나님이 강하신 것은 알겠는데 나는 아직도 건강하지 못하다고 느끼십니까? 그래서 '하나님은 하나님이고, 나는 나다'라고 생각하십니까? 하나님을 바라보십시오. 우리의 소망이신 예수 그리스도를 바라보십시오. 성령의 바람이 불 것입니다. 거짓된 바람은 곧 사라질 것입니다.

"여호와께서 그가 기뻐하시는 모든 일을 천지와 바다와 모든 깊은 데서 다 행하셨도다 안개를 땅 끝에서 일으키시며 비를 위하여 번개를 만드시며 바람을 그 곳간에서 내시는도다"(시 135:6-7).

시편 기자는 하나님이 곳간에서 바람을 내신다고 표현합

니다. 이 곳간을 통해 하나님은 그분의 백성들에게 공급하십니다. 문을 두드리십시오. "하나님, 내 인생의 길을 열어주십시오. 하나님, 이 위기의 문제를 통과할 수 있도록 힘과 지혜와 능력을 부어주십시오. 하나님, 오늘 제게 필요한 것들을 채워주십시오"라고 기도하십시오. 건강의 문제, 재정의 문제, 진로의 문제 등 뭔가 해결되지 않는 답답한 문제들을 놓고 하나님의 바람을 구하십시오. 뜨거운 사막의 바람이든, 메추라기를 몰고 오는 바람이든, 홍수를 감하게 하는 바람이든, 그것은 하나님께로부터 나온다는 것을 기억하십시오. 오해하지 마십시오. 내 노력으로 얻어지는 것 같지만 그것마저 하나님이 허락하셔야 가능한 것입니다. 하나님께 구하십시오.

하나님, 우리 삶에 필요한 것을 채워주옵소서. 우리의 욕심과 욕망이 아니라 우리의 삶에 하나님의 거룩한 능력이 나타나기를 원합니다.

살아 계신 하나님을 체험하길 원합니다. 성령의 바람이 불게 하옵소서. 이 바람이 우리 인생의 길을 열게 하시고, 삶의 문제들을 해결하게 하시며, 거짓된 바람을 몰아내게 하옵소서.

이 바람이 메마른 가슴을 적시게 하옵소서. 환경의 위협을 제거하게 하옵소서. 이 성령의 바람이 우리의 삶 가운데 계속 불게 하옵소서. 이 민족에게 불게 하옵소서. 하나님을 알게 하옵소서. 예수님의 이름으로 기도합니다. 아멘.

chapter 08

바람처럼 임하시는 주님

Life of Jesus

"오순절 날이 이르매 그들이 다같이 한 곳에 모였더니 홀연히 하늘로부터 급하고 강한 바람 같은 소리가 있어 그들이 앉은 온 집에 가득하며 마치 불의 혀처럼 갈라지는 것들이 그들에게 보여 각 사람 위에 하나씩 임하여 있더니 그들이 다 성령의 충만함을 받고 성령이 말하게 하심을 따라 다른 언어들로 말하기를 시작하니라"(행 2:1-4).

바람과 함께 임한 성령의 불

오순절에 한 사건이 일어납니다. 제자들이 한 곳에 모여 기도를 하고 있는데, 홀연히 하늘로부터 급하고 강한 바람 같은 소리가 온 집에 가득하고 불의 혀처럼 갈라지는 것들이 각 사람에게 임했습니다. 지금까지 인류 역사 가운데 한 번도 경험해보지 못한 일이 일어난 것입니다.

"오순절 날이 이미 이르매 그들이 다같이 한 곳에 모였더니 홀연히 하늘로부터 급하고 강한 바람 같은 소리가 있어 그들이 앉은 온 집에 가득하며 마치 불의 혀처럼 갈라지는 것들이 그들에게 보여 각 사람 위에 하나씩 임하여 있더니 그들이 다 성령의 충만함을 받고 성령이 말하게 하심을 따라 다른 언어들로 말하기를 시작하니라"(행 2:1-4).

120여 명이 이곳에 모여 있었습니다. 이들은 모여서 무엇을 해야 할지 분명하게 알지 못했습니다. 다만 기도할 뿐이었습니다. 기도하면 반드시 영적 사건이 일어납니다. 기적이 일어납니다. 한 번도 경험해보지 못한 특이한 일이 일어납니다. 병든 육신이 고침을 받고, 삶의 문제들이 해결됩니다.

하지만 사람들은 기도하는 것을 쉽게 멈춥니다. 기도해도 응답되지 않는다는 것입니다. 기도하는데 현실과 상황과 문제는 여전히 바뀌지 않는다는 것입니다. 하나님의 권면의 말씀을 들으십시오. 하나님은 "인내하라"고 하십니다. 기도는 즉각 응답받을 수도 있습니다. 그렇더라도 기도는 인내라는 것을 잊지 말아야 합니다. 기도는 기다림입니다. 기도는 하나님의 계획과 생각을 내 삶으로 당겨오는 것입니다. 하나님의 뜻이 내게 임하도록 엎드리는 영적 태도입니다. 기도는 하나님의 신실하심을 놓지 않는 영적인 힘입니다. '이것을 주십시오. 저것도 해결해주십시오'라고 끊임없이 열거하는 것이 아닙니다. '내 하나님은 절대 변하지 않으신다. 그분의 계획을 바꾸지 않으신다. 그분의 언약을 뒤집지 않으신다'는 하나님의 신실한 성품을 온전히 의지하는 것입니다.

120명이 모여서 기도할 때 이런 영적인 사건이 있었다는 것은 하나님이 하늘 문을 여셨다는 것을 의미합니다. 이 문이 열리는 순간, 천국 문이 열리는 순간, 하나님의 계획하심이 열리는 순간, 바람과 불이 임했습니다.

기도하면 바람 소리가 들리고 불이 보이기 시작합니다. 예전에 청년들과 함께 북한 인접지역인 연길과 단동 등지에 가서 기도한 적이 있습니다. 기회가 있을 때마다 가서 기도했는데, 한번은 인근 지역 처소교회 목사님으로부터 연락이 왔습니다. 함께 기도회를 하자는 것이었습니다. 그래서 모임에 참석하려고 하는데 함께 가신 장로님이 기도하시는 중에 '아무 말 없이 모이면 혹시 위험할 수 있으니까 종교국장을 만나서 한번 이야기를 해보자'는 마음이 들었다고 했습니다. 아시다시피, 종교국은 종교를 장려하기보다는 통제하는 곳입니다. 그래서 이 장로님이 그 지역 유지 한 분과 함께 종교국장을 만나 그분이 제일 좋아한다는 잉어회를 정성껏 대접하고 "저녁에 중국인과 한국인이 잠깐 모이니 그냥 그렇게 알고 있어 달라"고 했습니다.

그렇게 이야기를 하고 모임을 가졌습니다. 처소교회는 우리나라의 옛날 시골 농가같이 굉장히 허술한 집이었습니다. 천장에는 어두컴컴한 작은 빨간 전등 몇 개가 전부였습니다. 그분들과 함께 젖먹던 힘을 다해 기도하기 시작했습니다. 한참 기도하다가 눈앞이 환해져서 눈을 떴습니다. 촛농 같은 빨간 것이 사람들 머리 위로 툭툭 떨어지고 있었습니다. 저는 처음에 눈을 꼭 감았다가 떴던 터라 빨간 등 때문에 보이는 착시현상인 줄 알았습니다. 그런데 눈앞이 점점 환해지고 뜨거워지기 시작했습니다. 사람들이 소리를 지르기 시작했고, 어둠의 세력이 떠나가는 것이 보였습니다. 점점 격해지자 저는 덜컥 겁이 났습니다. 그 집이 동네 중앙에 있었는데 '주변에서 신고라도 하면 어떻게 하나? 이러다 붙잡혀 가겠구나'라는 생각이 들었습니다. 그렇게 한참을 더 기도하고도 기도를 멈출 수 없게 되자 처소교회 목사님이 자신이 마저 인도하겠노라며 저희에게 먼저 가라고 하셨습니다.

저는 그곳에서 처음으로 불 같은 것이 툭툭 떨어지는 것을 봤습니다. 사도행전에 기록된 대로 성령의 사건을 봤습니다. 그 후에 서울에 와서 열심히 기도해봤지만 그때 같은 현상은 나타나지 않았습니다. 아마 서울에 돌아오니 다시 마음이 무뎌져서 그런 것 같다고 생각합니다. 하지만 이 불을 하나님이 허락해주실 것을 믿습니다.

저는 이 성령의 바람과 불이 저뿐만 아니라, 우리나라에, 각 교회에, 기도하는 곳에 임하기를 바랍니다. 성령의 바람소리가 들리고, 놀라운 불이 보이기를 간절히 바랍니다. 이 바람이 사람에게 불면 생명이 되고, 이 불이 사람과 온 땅에 임하면 모든 죄를 태우고 거룩이 회복될 것입니다.

도래한 '성령의 시대'

오순절 날 바람이 불고 불이 임했다는 것은 무슨 의미일까요? 이것은 예수님이 십자가 사건을 완성하시고 하나님 아버지 품으로 돌아간 후 이 땅을 지배하는 자가 누구인지를 분명하게 보여주는 가시적인 사건입니다. 예수님이 재림하시기 전까지 성령이 이 땅을 지배하신다는 것을 선포하시는 사건입니다. 성령이 모든 메마른 땅에 필요한 것들을 공급할 뿐만 아니라 하늘의 사건, 하늘의 능력, 하늘의 소망으로 이 땅을 채우신다는 것을 뜻하는 사건입니다. 바야흐로 '성령의 시대'가 도래한 것입니다.

성령의 불이 임하니까 매우 특이한 현상이 일어납니다. 사도행전 2장 4절을 보십시오.

"그들이 다 성령의 충만함을 받고 성령이 말하게 하심을 따라 다른 언어들로 말하기를 시작하니라"(행 2:4).

이 바람이 부니까 사람들이 성령의 충만함을 받았습니다. 성령의 충만함이란 '완전히 잠긴다', '완전히 사로잡힌다'는 뜻입니다. 이 바람이 불면 성령, 살아 있는 영, 그리스도의 영, 하나님의 영이 지배하기 시작합니다. 그리고 특이한 현상이 나타났는데, 사람들이 다른 언어로 말하기 시작한 것입니다. 배우지도 않았고 생각하지도 않았던 말들이 입에서 나오기 시작한 것입니다.

　우리가 쓰는 말은 훈련된 것입니다. 부모님과 선생님으로부터 말을 배우고, 생각을 배우며, 표현하도록 배웁니다. 목사님들도 설교를 할 때 훈련을 합니다. 본문 묵상한 것을 어떻게 전할 것인지, 어떤 접촉점을 갖고 이야기할 것인지 훈련을 통해 습득합니다. 이렇게 사람들은 자신들이 쓰는 말로 자신의 생각, 감정, 의사 등을 표현합니다. 그런데 성령이 임하시니까 배운 적이 없는 말이 터졌습니다. 훈련하지도 않은 언어가 튀어나왔습니다. 세상에 없는 이상한 말이 아니라, 분명히 의미가 전달되는 다른 나라의 말을 했습니다.

"다 놀라 신기하게 여겨 이르되 보라 이 말하는 사람들이 다 갈릴리 사람이 아니냐 우리가 우리 각 사람이 난 곳 방언으로 듣게 되는 것이 어찌 됨이냐 우리는 바대인과 메대인과 엘람인과 또 메소보다미아, 유대와 갑바도기아, 본도와 아시아, 브루기아와 밤빌리아, 애굽과 및 구레네에 가까운 리비야 여러 지방에 사는 사람들과 로마로부터 온 나그네 곧 유대인과 유대교에 들어온 사람들과 그레데인과 아라비아인들이라 우리가 다 우리의 각 언어로 하나님의 큰 일을 말함을 듣는도다 하고"(행 2:7-11).

이스라엘은 유월절 이후 7주가 지난 날, 즉 49일을 기념하여 '칠칠절'로 지켰습니다. 이 절기는 모든 유대인들이 모여 하나님께 나아가는 날이었습니다. 칠칠절을 지키기 위해 아시아, 유럽, 로마, 아라비아 등 각 지역에서 온 유대인들이 예루살렘으로 모여들었습니다. 오순절은 유월절로부터 50일이 지난 날이었습니다. 이날 이 사람들은 120명의 방언을 듣고 깜짝 놀랐습니다. 각 사람이 난 곳 방언으로 듣게 되었기 때문입니다. 성령의 바람이 불자 언어가 통일되었습니다. 언어가 통일되었다는 것은 문화가 통일되고 관점과 가치관이 하나 되었다는 것을 의미합니다.

바벨탑 vs 마가의 다락방

창세기 11장에 보면, 당시에는 온 땅의 언어가 하나요 말이 하나였습니다. 소리가 하나였고 의미가 하나였습니다. 홍수 이후 사람들은 동쪽으로 이동해 시날 평지에 이르렀습니다. 시날 평지는 유프라테스 강 유역에 있는 살기 좋은 땅이었습니다. 그런데 그곳에서 인간은 바벨탑을 쌓았습니다. 하나님은 바벨탑을 물리적으로 쳐서 무너뜨리기보다 언어를 다르게 하는 방법으로 인간들을 전부 흩어버리셨습니다. 조금 전까지 이 소리를 하면 이 의미가 전달되었는데, 지금은 의미가 전달되지 않았습니다. 그래서 같은 언어를 쓰는 사람끼리 따로 모여 살게 된 것입니다. 그런데 오순절 날 성령이 오신 후 다시 소리와 의미가 전달되는 놀라운 역사가 일어났습니다. 바벨탑의 사건으로 말미암아 서로 다른 생각과 의미와 가치관으로 살았는데 오순절 날 성령의 바람으로 말미암아 모든 것이 하나로 회복된 것입니다.

그렇습니다. 이 바람이 불어야 회복이 있습니다. 이 바람이 불어야 모든 관계가 회복됩니다. 이 바람이 불어야 너와 내가 하나가 됩니다. 가정이 하나가 됩니다. 부모와 자녀가 하나가 됩니다. 저도 딸아이와 대화를 하면서 답답할 때가 있었습니다. 제가 말한 의미와 딸아이가 받아들이는 의미가 다릅니다. 그것으로 티격태격하다 보면 본래 내용은 사라지고 감정만 상하곤 했습니다. 반면 관계가 회복되고 서로의 생각을 알고 있으면 무슨 말을 해도 문제가 되지 않습니다. 저는 종종 대화중에 사실을 전하면서도 이름이나 지명이 생각나지 않아 실수로 다른 이름이나 지명들을 집어넣어 설명할 때가 있습니다. 한번은 동료 목사님에 대한 이야기를 하는데 제 이야기 속의 목사님의 이름과 거명되는 목사님의 이름이 다름에도 불구하고 아무도 이상해 하지 않고 잘 알아듣고 있었습니다. 말을 마칠 무렵 어떤 분이 이름을 수정해 주어 제가 이름을 잘못 말한 것을 알게 되었습니다. 제가 말한 이름이 틀렸지만 듣는 분들은 제가 말한 목사님의 특징에 대해 너무도 잘 알고 있었기에 틀린 이름이 그리 중요하지 않았던 것입니다. 바로 이것은 표현의 문제가 아니라, 담고 있는 의미와 관계성의 문제이기 때문입니다.

언어가 하나 되면 관계가 회복됩니다. 아시아 사람이 아프리카 사람과 하나 되고, 유럽 사람과 로마 사람과 이스라엘 사람이 하나 됩니다. 시날 평야에서 흩어졌던 언어가 마가의 다락방에서 하나가 되었습니다. 그 좁은 곳에서 전 세계가 하나로 통일되는 엄청난 사건이 일어난 것입니다. 드넓고 살기 좋고 풍요로운 시날 평야에서 인간은 바벨탑 사건으로 흩어졌지만, 좁아터진 곳에 사람들이 무릎을 꿇고 기도했을 때 회복과 일치가 일어났습니다.

우리가 회복해야 할 것은 이 다락방입니다. 시날 평야로 향하던 마음을 돌이켜 예루살렘 마가의 다락방으로 가야 합니다. 비좁고 남들이 우습게 여기는 곳이지만 그곳으로 가서 무릎을 꿇고 기도해야 합니다.

사도행전 2장 7절에 보면 각지에서 모였던 유대인들이 '이 말하는 사람들이 다 갈릴리 사람이 아니냐'라며 놀랍니다.

'갈릴리 사람'이라는 것은 무식한 사람들이라는 뜻입니다. '어떻게 갈릴리 출신 사람들이 다른 지역의 말을 하느냐?'라는 뜻입니다. 이것은 성령의 바람 소리를 듣고, 성령의 불을 본 사람만 할 수 있는 것입니다. 예루살렘에는 많은 사람들이 있었지만 오직 이 불을 받은 사람만 방언을 말할 수 있었습니다. 그리고 이 성령을 받은 사람들이 흩어졌을 때 예루살렘과 온 유대와 사마리아와 땅 끝까지 복음이 전해진 것입니다. 이 사건으로 우리나라도 예수 그리스도의 복음에 사로잡히게 된 것입니다. 성경번역선교회(GBT)의 자료에 따르면, 전세계에 6,900여 개의 언어가 있는데 그중에 2,000여 개의 언어집단이 아직도 자기 말로 된 성경이 없다고 합니다. 성경이 있다는 것은 복음이 들어갔다는 것을 의미합니다. 이런 의미로 7분의 5는 이미 복음을 접했고, 7분의 2는 아직 복음을 접하지 못했습니다. 이제 모두에게 복음이 증거되면 예수님이 오실 것입니다.

이 바람이 우리 모두에게 불기를 원하며, 이 불이 우리 모두에게 임하기를 간절히 원합니다. 그래서 모든 것이 다시 회복되고 하나 되기를 원합니다. 성령의 능력을 받아서 우리 모두 세상으로 나아가기를 원합니다.

심령을 뒤흔드는 바람

사도행전 2장을 보면 성령의 바람을 받은 베드로의 모습이 나옵니다.

"베드로가 열한 사도와 함께 서서 소리를 높여 이르되 유대인들과 예루살렘에 사는 모든 사람들아 이 일을 너희로 알게 할 것이니 내 말에 귀를 기울이라 때가 제 삼 시니 너희 생각과 같이 이 사람들이 취한 것이 아니라 이는 곧 선지자 요엘을 통하여 말씀하신 것이니 일렀으되"(행 2:14-16).

성령을 받은 120명이 방언을 말하자 사람들은 술에 취했다고 했습니다. 그러자 베드로가 벌떡 일어나 열한 사도와 함께 서서 소리를 높여 말합니다.

"이 사람들아, 우리는 술에 취한 것이 아니다. 우리가 각 나라 방언을 말하는 것은 이미 선지자 요엘을 통해 성경에 기록된 사건이다."

베드로는 지금 일어나고 있는 일을 구약 성경으로 재해석했습니다. 베드로가 성경을 펼쳐서 찾아본 것이 아닙니다. 그 정도로 교육받은 사람이 아닙니다. 베드로가 누구입니까? 예수님이 잡혀가실 때 졸졸 쫓아갔다가 한 여종이 캐묻자 예수님을 부인하며 떠난 사람입니다. 그리고 모든 것을 포기하고 갈릴리로 돌아가 고기를 잡던 사람입니다. 그랬던 베드로를 예수님이 다시 만나셔서 회복시켜 주시지 않았습니까? 그런 베드로가 성령의 충만함을 받고 요엘 선지자의 말씀으로 지금 일을 해석하고 있는 것입니다.

"내가 내 영을 모든 육체에 부어 주리니 너희의 자녀들은 예언할 것이요 너희의 젊은이들은 환상을 보고 너희의 늙은

이들은 꿈을 꾸리라 그 때에 내가 내 영을 내 남종과 여종들에게 부어 주리니 그들이 예언할 것이요 또 내가 위로 하늘에서는 기사를 아래로 땅에서는 징조를 베풀리니 곧 피와 불과 연기로다 주의 크고 영화로운 날이 이르기 전에 해가 변하여 어두워지고 달이 변하여 피가 되리라 누구든지 주의 이름을 부르는 자는 구원을 받으리라”(행 2:17–21).

성령의 바람을 받으십시오. 인생이 바뀝니다. 고기를 잡던 어부가 뛰어난 지혜와 능력을 소유한 사람이 되었습니다. 베드로의 선포에 이날 회개하고 세례를 받은 사람이 3천 명이나 되었습니다. 그리고 그 사람들은 모든 물건을 나눠 쓰기 시작했고, 점점 백성들에게 칭송을 받았습니다. 믿는 자의 수가 계속해서 늘었습니다.

우리는 이 바람을 받아야 합니다. 이 바람이 우리에게 불어야 합니다. 이 불이 임해서 우리의 언어, 의지, 생각, 가치관, 인생의 목표, 비전이 바뀌어야 합니다. 이 바람을 사모하십시오. 우리에게 능력이 있어야 합니다. 이 음란한 세대, 이 어둠의 세력이 가득한 곳에서 어떻게 뚫고나갈 수 있겠습니까? 성령의 능력이 임해야 합니다. 우리의 힘이나 지혜가 아닌, 하나님이 주시는 이 바람과 불이 있어야 합니다. 그래야 이 땅을 다스리고 정복할 수 있습니다.

우리가 두려움 가운데 기도하는 것이 아니라 담대함 가운데 기도하고, 기도할 때마다 성령의 능력이 나타난다면 얼마나 좋겠습니까? 아픈 사람에게 손을 얹고 "일어날지어다"라고 기도하면 벌떡 일어나고, "따라와라"라고 말할 때마다 교회로 온다면 얼마나 신나겠습니까? 사도행전의 사건이 그랬습니다. 베드로가 설교했더니 하루에 3천 명이 세례를 받았습니다. 당시 인구로 따져보십시오. 예루살렘 성에서 하룻밤 자고 났더니 3천 명이 세례를 받았습니다. 이틀, 사흘이 지나 1/4분기 끝나고 결산해 보니까 10만 명이 예수님을 믿기 시작했습니다! 이런 사건이 이 서울에, 한국에, 온 땅에 다시 한 번 임하기를 간절히 소원합니다.

우리가 진정으로 회개해야 할 것이 하나 있습니다. '혹시 이 바람이 내게 불면, 이 불이 내게 임하면 어떻게 하지?'라며 두려워하는 것입니다. 변화받으면 다른 삶을 살아야 하는데, 지금 쥐고 있는 것을 놓고 다른 삶을 살기가 두려운 것입니다. 자신이 누리고 있는 것들을 희생하기가 싫은 것입니다. 성령님이 우리 각 사람에게서 이 두려움을 제거하기를 원하십니다. 의지적으로 결단하십시오.

"주여, 이 바람이 제게 임하는 것을 두려워하지 않게 해주옵소서. 이 불이 제게 임하는 것을 피하지 않도록, 제 모든 생각과 가치관을 지배하여 주옵소서."

인간은 절대 스스로 변하지 못합니다. 이것을 전제로 시작해야 합니다. 베드로를 보십시오. 성령으로 충만한 후에 그는 완전히 달라졌습니다. 이 바람과 불이 임하면 반드시 변합니다. 두려워하지 말고 기도하십시오.

이들이 모여 있던 곳은 다락방이었습니다. 화려하거나 멋진 곳이 아니었습니다. 그저 모이려고 넓은 장소를 찾다가 마가의 다락방을 찾아낸 것입니다. 그들은 무릎을 꿇었습니다. 무엇을 구해야 할지도 몰랐습니다. 예수님이 가르쳐주신 대로 예수님이 오시기를 사모하며 그저 반복되는 미숙한 기도를 했을 것입니다. 그런데 성령이 임했습니다. 바람이 임했습니다. 그들이 잘났기 때문이 아닙니다. 예수님의 약속에 의지해서 기도했기 때문에 약속의 성령이 오신 것입니다.

당신에게도 기도 제목이 있을 것입니다. 그 기도 제목마저 하나님께 맡겨드릴 수 있으면 좋겠습니다. 오직 하나님의 약속만을 의지하여 하나님께 내어드렸으면 좋겠습니다. 이 바람에 우리의 기도 제목을 띄워 보내면 생명의 능력이 나타날 것입니다. 모든 억눌린 것에서 풀려날 것입니다. 두렵고, 자신감이 없고, 열등한 모든 것들이 떠나갈 것입니다. 하나님의 거룩하고 온전하신 뜻을 알게 될 것입니다.

급하고 강한 바람이 우리에게 임하여 알 수 없는 그 능력이 우리를 지배하게 해달라고 기도합시다. 이 바람이 우리 자녀, 우리 가정, 우리 삶의 모든 관계 위에 불게 해달라고 기도합시다. 이 나라 이 민족, 억압받는 모든 백성들에게 불게 해달라고 기도합시다. 내 성품과 내 기질대로 사는 것이 아니라, 이 바람이 지배하는 능력으로 살게 해달라고 기도합시다. 내 경험과 의지로 사는 것이 아니라, 이 바람의 지배로 살게 해달라고 기도합시다.

하나님 아버지, 성령의 바람이 끊임없이 우리에게 불게 하셔서, 연약한 우리의 삶을 변화시켜 주옵소서. 모든 환경과 관계를 회복시켜 주옵소서. 나눠지고 갈라진 것들이 하나 되게 하옵소서. 갈라선 것들이 회복되게 하시고, 무너진 것들이 회복되게 하옵소서.

하루를 살아가며 만나고, 헤어지고, 결정하고, 선택하고, 만들고, 나누는 모든 일들마다 알 수 없는 평화와 화평과 연합의 능력이 나타나게 하옵소서. 주님. 우리를 격려해 주옵소서. 가정, 직장, 이 민족 위에 성령의 바람이 불게 하옵소서. 저 북한 땅 위에, 한치 앞을 내다볼 수 없는 모든 문제 위에 이 바람이 불게 하옵소서.

이제는 내 의지, 내 뜻, 내 경험이 아니라 성령께 붙잡혀 살게 하옵소서. 변화를 두려워하지 말고 성령의 삶을 사모하게 하옵소서. 결단하게 하옵소서. 동일한 은혜가 북한 땅에도 있게 하옵소서. 예수님의 이름으로 기도합니다. 아멘.

chapter 09

마른뼈를 살리시는 주님

Life of Jesus

"너는 이 모든 뼈에게 대언하여 이르기를 너희 마른 뼈들아 여호와의 말씀을 들을지어다…내가 생기를 너희에게 들어가게 하리니 너희가 살아나리라 너희 위에 힘줄을 두고 살을 입히고 가죽으로 덮고 너희 속에 생기를 넣으리니 너희가 살아나리라 또 내가 여호와인 줄 너희가 알리라 하셨다 하라"(겔 37:4-6).

지금까지 우리는 공급하는 바람, 사망의 상황에서 생명의 길을 여는 바람, 메마른 대지에 비를 뿌리고 연약한 부분을 회복하는 바람, 새로운 소망과 부흥을 주고 믿음의 사람들을 세워주는 바람에 대해 나누었습니다. 이번 장에서는 에스겔서 37장 말씀을 살펴보겠습니다.

"여호와께서 권능으로 내게 임재하시고 그의 영으로 나를 데리고 가서 골짜기 가운데 두셨는데 거기 뼈가 가득하더라 나를 그 뼈 사방으로 지나가게 하시기로 본즉 그 골짜기 지면에 뼈가 심히 많고 아주 말랐더라 그가 내게 이르시되 인자야 이 뼈들이 능히 살 수 있겠느냐 하시기로 내가 대답하되 주 여호와여 주께서 아시나이다 또 내게 이르시되 너는 이 모든 뼈에게 대언하여 이르기를 너희 마른 뼈들아 여호와의 말씀을 들을지어다 주 여호와께서 이 뼈들에게 이같이 말씀하시기를 내가 생기를 너희에게 들어가게 하리니 너희가 살아나리라 너희 위에 힘줄을 두고 살을 입히고 가죽으로 덮고 너희 속에 생기를 넣으리니 너희가 살아나리라 또 내가 여호와인 줄 너희가 알리라 하셨다 하라 이에 내가 명령을 따라 대언하니 대언할 때에 소리가 나고 움직이며 이 뼈, 저 뼈가 들어 맞아 뼈들이 서로 연결되더라 내가 또 보니 그 뼈에 힘줄이 생기고 살이 오르며 그 위에 가죽이 덮이나 그 속에 생기는 없더라 또 내게 이르시되 인자야 너는 생기를 향하여 대언하라 생기에게 대언하여 이르기를 주 여호와께서 이같이 말씀하시기를 생기야 사방에서부터 와서 이 죽음을 당한 자에게 불어서 살아나게 하라 하셨다 하라 이에 내가 그 명령대로 대언하였더니 생기가 그들에게 들어가매 그들이 곧 살아나서 일어나 서는데 극히 큰 군대더라"(겔 37:1-10).

은혜와 약속

에스겔서의 이 '마른 뼈 이야기'는 늘 우리에게 힘과 소망을 줍니다. 왠지 이 말씀만 읽어도 뭔가 생길 것 같고, 어떤 새로운 사건이 발생할 것 같은 흥분과 열정이 생깁니다.

이 말씀은 타락한 이스라엘 백성들에게 주신 말씀입니다. 이스라엘 백성들은 여호와 하나님의 품을 떠났습니다. 이스라엘 백성들이 자기 마음대로 행동하며 살았기 때문에 하나님은 그들에게 주신 축복을 걷으셨습니다. 심판, 악, 죄가 무엇입니까? 하나님이 그냥 내버려두는 것입니다. 하고 싶은 대로 하도록 그냥 방치하는 것입니다. 그러면 은혜는 무엇입니까? 하나님이 죄를 짓지 않도록 막아주는 것입니다.

인간은 법을 어긴 사람을 죄인이라고 부릅니다. 그러나 성경은 죄인이 짓는 것이 죄라고 합니다. 조금 아리송하게 들리시겠지만 이 두 말은 본질적으로 다릅니다. 인간은 본질적으로 죄인입니다. 죄인이기 때문에 죄를 짓습니다. 그렇기 때문에 하나님이 그냥 내버려두시면 그 자체가 심판이 되는 것입니다. 그런데 하나님은 우리를 그냥 내버려두시지 않습니다. 그냥 흘러 떠내려가지 않도록 가로막으십니다. 그리고 돌이킬 수 있는 기회를 주십니다. 이것이 은혜입니다.

이스라엘 백성들에게도 이런 기회를 주셨습니다. 선지자들을 보내신 것입니다. 선지자들은 이스라엘 백성들에게 하나님께로 돌아오라고 계속해서 외쳤습니다. 하나님은 에스겔처럼 선지자들을 통해 회복을 약속하셨습니다. '너희들, 이대로 가면 망한다. 그럴지라도 나는 너희들을 회복시킬 것이다.' 이것이 하나님의 마음이었습니다. '심지어 전부 죽어 마른 뼈가 되더라도 생기를 불어넣어 너희들을 다시 살릴 것이다.' 이것이 하나님의 약속이었습니다.

뼈에게 대언하라

에스겔서 37장 1절에 보면 에스겔이 "여호와께서 권능으로 내게 임재하시고 그의 영으로 나를 데리고 가서 골짜기 가운데 두셨는데"라고 말하는 내용이 나옵니다. 하나님은 우리를 어디론가 끌고 가실 때 항상 당신의 권위와 능력으로 인도하시고 이끌어 가십니다. 따라서 우리가 어디에 있든지, 어디로 가든지 염려하지 마십시오. 우리는 항상 하나님의 권위와 권능 안에 있기 때문입니다. 그곳은 우리가 원하지 않는 곳, 피하고 싶은 곳일 수도 있습니다. 그런데도 하나님은 우리를 그곳으로 데리고 가십니다. 왜일까요? 결론부터 말씀드리자면, 그곳에서 기적을 보여주기를 원하시기 때문입니다. 그곳에서 생명이 살아나는 것을 보여주기를 원하시기 때문입니다. 회복이 무엇인지 보여주기를 원하시기 때문입니다.

예수님은 "누구든지 나를 따라오려거든 자기를 부인하고 자기 십자가를 지고 나를 따를 것이니라"(막 8:34)라고 하셨습니다. 여기서 '자기 십자가'는 낮은 곳, 내가 원치 않는 곳, 내 생각이나 뜻대로 되지 않는 어떤 영역을 말합니다. 예수님은 그것을 지고 따라오라고 하셨습니다.

우리 삶에는 한 사람도 예외 없이 '자기 십자가'가 있습니다. 하나님은 그것을 통해 새로운 생명을 낳는 능력으로 삼으십니다. 우리는 이런 의문을 갖게 됩니다. "아니, 꼭 그렇게 해야 합니까? 하나님은 그런 방법을 쓰실 수밖에 없습니까?" 그렇습니다. 그런 방법이 아니면 대안이 없습니다. 우리가 소위 한창 잘나간다고 할 때 하나님 앞으로 와서 멋지게 섬기면 얼마나 좋겠습니까? 하지만 잘될 때 인간은 하나님을 기억하지 않습니다. 낮은 마음을 갖지 못합니다. 하나님을 섬길 수 있는 영적 에너지는 심령이 가난한 곳에서 나오기 때문에, 하나님은 늘 우리가 원치 않는 곳으로 이끄시며 거기서 나오는 갈등과 투쟁 에너지를 생명 에너지로 바꾸십니다.

에스겔이 갔던 골짜기에는 뼈가 가득했습니다. 뼈는 죽음, 사망, 두려움의 의미가 있습니다. 에스겔서 37장 2절에 보니까 사방에 보이는 곳이 모두 뼈로 가득했습니다. 죽음 밖에는 보이는 것이 없었습니다. 어떤 생명력도 느껴지지 않았습니다. 다소 엽기적이고 끔찍하기까지 합니다. 그런데 이 때 하나님이 에스겔에게 물으십니다. "인자야, 이 뼈들이 능히 살 수 있겠느냐?" 얼마나 엉뚱하고 황당한 질문입니까? 이 질문에 에스겔이 얼마나 기가 막혔을까요? 에스겔은 이렇게 대답합니다. "주 여호와여, 주께서 아시나이다." 정답입니다. 인간의 눈으로 보면 어떤 생명력도 찾아볼 수 없고 뼈들이 다 말라버렸는데 뼈들이 살아나는 일을 상상이나 할 수 있겠습니까? 사방이 죽음으로 가득한 그곳에서 어떻게 생명을 볼 수가 있겠습니까?

그러자 하나님이 이렇게 말씀하십니다.

"너는 이 모든 뼈에게 대언하여 이르기를 너희 마른 뼈들아 여호와의 말씀을 들을지어다 …내가 생기를 너희에게 들어가게 하리니 너희가 살아나리라 너희 위에 힘줄을 두고 살을 입히고 가죽으로 덮고 너희 속에 생기를 넣으리니 너희가 살아나리라 또 내가 여호와인 줄 너희가 알리라 하셨다 하라"(겔 37:4-6).

하나님은 거두절미하고 에스겔에게 "이 뼈들에게 살아나라고 대언하라. 내가 생기를 넣을 것이다"라고 하십니다. 하나님이 인간인 에스겔에게 대언하라고 하신 것이 흥미롭습니다. 이것은 "네가 내 말을 대신 선포하면 내가 그 말대로 이루겠다"라는 말씀입니다. 하나님은 택하신 하나님의 사람을 통해 이런 기적을 만들어 가십니다. 하나님은 이 마른 뼈 같은 인생을 사는 사람들에게 에스겔 선지자를 통해 희망의 메시지를 주셨습니다.

살아나는 큰 부대

하나님은 말씀대로 그 일을 행하셨습니다.

"이에 내가 명령을 따라 대언하니 대언할 때에 소리가 나고 움직이며 이 뼈, 저 뼈가 들어 맞아 뼈들이 서로 연결되더라 내가 또 보니 그 뼈에 힘줄이 생기고 살이 오르며 그 위에 가죽이 덮이나 그 속에 생기는 없더라 또 내게 이르시되 인자야 너는 생기를 향하여 대언하라 생기에게 대언하여 이르기를 주 여호와께서 이같이 말씀하시기를 생기야 사방에서부터 와서 이 죽음을 당한 자에게 불어서 살아나게 하라 하에스겔이 대언한 대로 뼈들이 서로 들어맞고 연결되었습니다. 그 뼈에 힘줄이 생기고 살이 올랐고 가죽이 덮였습니다. 상상해보십시오. 바닥에 떨어져 완전히 박살이 난 시계가 있다고 가정해봅시다. 시계 조각들은 흩어져서 어떤 것은 장롱 밑으로 들어가고, 어떤 것은 어디로 갔는지 알지도 못하게 되었습니다. 그런데 "시계야, 회복될지어다"라고 했더니 부속들이 서로 척척 자리를 찾아 다시 멀쩡한 시계가 되었다는 것입니다. 이 얼마나 황당한 이야기입니까?

그런데 실제로 그런 일이 일어났습니다. 아니, 그것보다 훨씬 복잡하고 있을 수 없는 일이 일어났습니다. 뼈들이 서로 붙어서 손이 생기고, 다리가 생기고, 허리가 생기고, 머리가 생겼습니다. 그 위에 힘줄이 생기고 피부가 생겼습니다.

꼭 만화영화나 판타지 영화에서나 있을 법한 일이 일어난 것입니다. 그러나 한 가지 부족한 것이 있었습니다. '생기'가 없었던 것입니다.

하나님께 능력을 위임받은 인간은 이 정도까지는 할 수 있습니다. 꼴이나 형체까지는 만들 수 있습니다. 그것만 해도 놀라운 일입니다. 하나님이 주신 능력으로 열심히 땀을 흘리고, 믿음대로 행하면 불가능한 일도 어느 정도 할 수 있습니다. 하지만 생기를 만들어낼 수는 없습니다. 오직 이것은 하나님만이 하실 수 있습니다. 개인의 삶도 마찬가지입니다. 이 땅에 태어나서 10대, 20대, 30대, 40대를 거쳐 가며 열심히 노력하고, 공부하며, 쌓고 또 쌓으면 어느 정도의 성공과 노력에 대한 인정은 받을 수 있습니다. 그러나 그 모든 과정을 이끄시고 이어가는 것은 오직 하나님만이 하실 수 있습니다. 생기가 없으면 거대한 구조물도 그냥 고철덩어리일 뿐입니다. 생기가 있어야 합니다. 그것이 없으면 아무것도 아닙니다.

그래서 하나님은 에스겔에게 "생기야 사방에서부터 와서 이 죽음을 당한 자에게 불어서 살아나게 하라"(겔 37:9)라고 다시 대언하라고 하십니다. 정말 신비로운 것은, 하나님이 주신 능력과 방법대로 꼴과 형체를 만들었더라도 하나님은 재차 대언하라고 하셨다는 것입니다. 그리고 그 말씀대로 대언했더니 생기가 들어가서 그들이 살아나 극히 큰 군대가 되었습니다.

하나님은 온 땅의 생명 에너지를 모아서 살리고 회복시키는 능력을 이미 우리에게 주셨습니다. 우리는 믿음으로 선포해야 합니다. 하나님이 우리에게 주신 그 권능으로 선포해야 합니다. 그러면 마른 뼈들이 군대가 되는 사건이 일어나게 됩니다. 이것은 전설에 나오는 허황된 이야기가 아닙니다. 21세기를 살아가는 오늘날에도 우리의 논리, 학식, 지식, 경험을 내려놓고 하나님이 하신 말씀을 대언하고 선포하면 기적이 일어납니다.

그렇다면 능력이란 무엇일까요? 모든 회복의 사건은 어떻게 나타날까요? 세미나를 하고 분석한다고 일어날 수 있는 것이 아닙니다. 방법을 찾기 위해 밤을 샌다고 되는 것이 아닙니다. 순종입니다. 하나님이 말씀하신 대로 순종하면 회복의 사건이 일어나고 기적이 일어납니다.

기적 중에 가장 큰 기적은 무엇일까요? 역시 죽은 사람을 살리는 것입니다. 병을 고치는 것은 그 안에 생명의 에너지가 있는 상태이기 때문에 치유될 수도 있다는 희망이 있지 않겠습니까? 그러나 바짝 마른 뼈는 전혀 희망이 없습니다. 사방을 둘러봐도 죽음뿐입니다. 그런데 그런 뼈들에게 하나님의 말씀을 선포했더니 다시 살아나 큰 군대가 되었습니다. 이 말씀을 붙잡고 기도하십시오. 에스겔이 보았던 마른 뼈와 같은 우리에게도 생명의 능력이 회복될 것입니다.

생기야, 불어올지어다

최근에 삶의 모습이 다른 두 분을 오전과 오후에 만났습니다. 그분들은 "제가 요즘 이런 변화를 겪고 있습니다"라며 간증을 해주셨습니다. 일이 잘 되고 있다는 이야기는 아니었습니다. 실상은 하는 것마다 안되고, 잘 풀리던 일은 꼬이고, 엉뚱한 방향으로 흘러간다는 이야기였습니다. 그런데 이상하게도 일이 잘 안될수록 하나님의 말씀이 분명해지고, 바쁜 시간을 쪼개 하나님과 교제하게 된다는 간증이었습니다. 이런 간증은 듣는 사람에게도 영향을 줍니다. 눈이 반짝거리고, 말이 빨라지며, 흥분하게 됩니다. 저도 자세한 내용은 기억나지 않지만 흥분한 상태로 만남을 끝냈습니다.

이것이 생명의 에너지입니다. 아침에 눈을 뜨면서 '차라리 깨지 말았어야 했는데…'라고 생각하거나, 잠자리에 들면서 '이대로 영원히 눈감았으면 좋겠다'라고 생각한다면 어떻게 살 수 있겠습니까? 하지만 이것이 우리 삶의 이야기 아닙니까? 당신의 삶에 생명의 바람이 불기를 축원합니다. "생기가 사방에서 불어올지어다! 나를 비롯해 주변의 모든 것이 살아날지어다!" 이런 축복이 있기를 간절히 원합니다.

염려하지 마십시오. 두려워하지 마십시오. 우리가 염려하고 두려워하는 것의 대부분은 실재하지 않는 것들입니다. 아직 일어나지도 않은 것을 앞당겨서 걱정하는 것입니다. 가상의 수치를 보며 온갖 생각을 하며 혼자 결론을 내리고는 "난 끝났다. 회복될 수 없다"라고 한다면 얼마나 한심하겠습니까? 그것처럼 미련한 것이 어디 있겠습니까? 오늘 이 생기가 우리 가운데 불어와 인간적인 한계 앞에서 좌절하고 낙심하는 모든 인생들에게 희망이 회복되는 역사가 있기를 원합니다. 오늘 우리가 만나는 모든 사람마다 회복되기를 원합니다. 모든 사람이 살아나서 생기를 나눠주며 살 수 있기를 원합니다. 이 민족, 이 나라, 모든 교회마다 이 생기가 넘치기를 간절히 원합니다.

소심하게 "하나님, 이것 좀 해주시면 안될까요?"라고 하지 말고 당당하게 선포하십시오. 하나님은 우리에게 생명의 능력을 주셨습니다. 하나님이 주신 말씀을 선포하면 그 말씀은 그대로 이루어집니다. 하나님은 반드시 선포된 말씀을 책임져주십니다. 내 생각과 경험을 의지한다면 무슨 기적이 일어나겠습니까? 온 우주 만물을 지으시고 운행 법칙을 결정하신 하나님을 믿으십시오.

이 생기가 불어야 할 곳을 떠올려보십시오. 그것이 우리의 기도 제목이 되기를 바랍니다. 그 기도 제목을 하나님께 드리고 선포하십시오. "생기야, 사방에서부터 불어올지어다. 메말라버린 것, 죽음의 상황과 관계가 회복될지어다. 살아날지어다. 강건케 될지어다. 생명이 나타날지어다."

하지만 기도할 때마다 고민되고 갈등되는 것이 있습니다. 과연 이대로 이루어지겠느냐 하는 것입니다. 믿음의 문제입니다. 성경을 보십시오. 성경은 내가 할 수 있느냐, 없느냐를 묻지 않습니다. 하나님은 에스겔에게 "이것이 될 것 같으냐? 너는 어떻게 생각하느냐?"라고 묻지 않으셨습니다. 사실 마른 뼈에 대한 생각은 내 문제일 뿐입니다. 할 수 있느냐, 없느냐는 창조주 하나님께는 전혀 문제가 되지 않습니다. 중요한 것은 나의 소명과 하나님의 의지입니다. 이 두 가지만 있으면 됩니다. 성경에는 "염려하지 말라", "두려워하지 말라"

라는 말씀이 자주 나옵니다. 이것은 하나님의 영역을 우리의 영역으로 가져와서 붙잡고 염려하며 두려워하는 우리에게 하시는 말씀입니다. 하나님의 영역을 침범하지 마십시오. 내게 능력이 있으냐 없느냐는 중요하지 않습니다. 하나님은 이런 것을 물어보시지 않습니다. 그냥 대언하기를 원하십니다. 마른 뼈에게 선포하기를 원하십니다. 그 말씀을 이루시는 분은 하나님이시기 때문입니다.

이 명령은 인간의 이성과 상식에서 나온 것이 아닙니다. 온 우주 만물을 지으시고 나를 아시는 하나님이 말씀하신 것입니다. 인간은 모든 환경과 문제를 놓고 절망하고 포기하지만 하나님은 절망하고 포기하는 인생들을 다시 살리십니다. 내가 대언하고 선포하면 하나님이 생기를 보내십니다. 우리가 선포하면 반드시 그 일이 이루어집니다. 절망하지 마십시오. 포기하지 마십시오. 믿음으로 선포하십시오.

하나님은 우리가 안고 있는 모든 삶의 문제에 해답을 주셨습니다. 방법을 주신 것이 아니라 하나님 자신을 주셨습니다. 인간은 끊임없이 방법을 찾지만 하나님은 그 방법이 하나님 자신이라고 하십니다. "너희들은 내 이름으로 선포하라. 내가 명한 대로 선포하라. 그대로 이루리라."

우리는 선포하고, 하나님은 일하십니다. 하나님이 선포하시고 우리가 일하는 것이 아닙니다. 우리가 선포한 대로 하나님이 이루십니다. 내 이성과 상식으로 선포하면 말장난이 될 뿐입니다. 내 경험으로 선포하면 시끄러운 소음일 뿐 아무 능력이 없습니다. 하나님은 우리가 선포해야 할 이름을 이미 우리에게 주셨습니다. 우리는 예수 그리스도의 이름으로 선포해야 합니다. 그분은 우리 안에 살아 계십니다. 이 이름과 우리는 하나입니다. 우리가 믿음으로 그분을 선포하면 약속 그대로 이루실 것입니다.

지금 마음에 떠오르는 문제를 향해 이렇게 선포하십시오.

"생기야, 사방에서부터 와서 이 죽음을 당한 자에게 불어와라! 하나님이 살려주셨노라!"

이 믿음의 고백대로 살아날 것입니다.

하나님 아버지, 이 생명의 능력이 이미 우리 안에 있음에도 불구하고 물러서고 좌절하는 연약한 우리를 붙잡아 주옵소서.

이제는 담대한 믿음을 가지고, 이 생명의 법칙을 선포하도록 붙잡아 주옵소서. 사탄이 우리의 눈을 가리고 속일지라도 속지 않게 하시고, 뚫고 나아가 믿음으로 선포할 수 있도록 우리 심령을 깨우쳐 주옵소서. 오늘도 우리는 믿음의 선한 싸움을 싸워갑니다.

우리에게 허락하신 이 믿음의 이름, 생명의 이름, 성령의 이름을 놓치지 않게 하옵시고, 선포할 때마다 기적이 나타나도록 저희를 주장하여 주옵소서. 믿음에 믿음을 더하여 주옵소서. 담대히 선포할 때마다 기적이 나타나게 하옵소서. 기적이 나타날지어다.

예수님의 이름으로 기도합니다. 아멘.